CADA SER É ÚNICO E PERFEITO DENTRO DE SUA EVOLUÇÃO.

© 2017 por Márcio Fiorillo
© CoffeeAndMilk/Getty Images

Coordenadora editorial: Tânia Lins
Coordenador de comunicação: Marcio Lipari
Capa e projeto gráfico: Jaqueline Kir
Diagramação: Rafael Rojas
Preparação: Janaina Calaça
Revisão: Equipe Vida & Consciência

1ª edição — 1ª impressão
5.000 exemplares — janeiro 2017
Tiragem total: 5.000 exemplares

CIP-BRASIL — CATALOGAÇÃO NA PUBLICAÇÃO
(SINDICATO NACIONAL DOS EDITORES DE LIVROS, RJ)

M151n

    Madalena (Espírito)
    Nas esquinas da vida / ditado por Madalena [psicografado
por] Márcio Fiorillo. - 1. ed. - São Paulo : Vida & Consciência, 2017.
    280 p. ; 23 cm

    ISBN 978-85-7722-521-7

    1. Romance espírita I. Fiorillo, Márcio II. Título.

16-37497   CDD: 133.9
                                    CDU: 133.9

Todos os direitos reservados. Nenhuma parte desta edição pode ser utilizada ou reproduzida, por qualquer forma ou meio, seja ele mecânico ou eletrônico, fotocópia, gravação etc., tampouco apropriada ou estocada em sistema de banco de dados, sem a expressa autorização da editora (Lei nº 5.988, de 14/12/1973).

Este livro adota as regras do novo acordo ortográfico (2009).

Vida & Consciência Editora e Distribuidora Ltda.
Rua Agostinho Gomes, 2.312 — São Paulo — SP — Brasil
CEP 04206-001
editora@vidaeconsciencia.com.br
www.vidaeconsciencia.com.br

NAS ESQUINAS
DA VIDA

MÁRCIO FIORILLO
Romance ditado pelo espírito Madalena

Prólogo

Marília olhou à sua volta, a sala escura denunciava seu estado de espírito. Aquela situação não poderia continuar, precisava dar um jeito em sua vida. E com esses pensamentos passou as vistas pelo relógio de parede, no qual os ponteiros marcavam exatamente três horas da manhã. Lembrou-se de uma amiga que havia lhe dito que aquele horário era dedicado ao demônio. Já ia tentar forçar sua mente para lembrar o motivo do tal horário ter ligação com os seres das trevas, quando resolveu voltar para seus dramas interiores.

"Não, eu não posso aceitar isso!", afirmou, tentando convencer-se.

Chorou um choro que lhe doía no fundo da alma e por segundos lembrou-se de Otávio, de quando, anos atrás, o conhecera em Copacabana. Ele, moreno sedutor, que a envolvera com seus galanteios nos primeiros minutos de conversa. Foi paixão à primeira vista, que a levou ao altar. Logo no primeiro ano de casamento, Marília ficou grávida e deu à luz uma linda menina, que o casal batizara com o nome de Clara, devido à tez alva que herdara da mãe, uma linda loira de olhos azuis. Dois anos depois, nasceu César, que se tornou a alegria do jovem casal. O tempo foi passando e o amor que Otávio dizia sentir por ela também. As brigas e discussões do casal tornaram-se uma constante, assim como as noites que Otávio passava na farra também.

O barulho das chaves na fechadura da porta da sala fez Marília sair de seu estado de meditação. Logo a porta se abriu, e uma figura masculina pôde ser vista entrando, a princípio, cautelosamente no ambiente e depois nem tanto, pois Otávio percebeu a presença da esposa no ambiente em penumbra, o que o fez acender a luz no intuito de se localizar melhor. Olhou para a esposa e perguntou friamente:

— O que você está fazendo acordada a esta hora? Está parecendo um zumbi!

As palavras de Otávio fuzilaram o espírito de Marília, fazendo-a responder à altura.

— De fato, não sei por que ainda me preocupo com um traste como você!

Otávio riu em zombaria. Sua esposa se tornara patética, e, no intuito de provocá-la, respondeu:

— Se você se olhasse no espelho e percebesse o bagaço de mulher que se tornou, não me chamaria de traste!

Marília irritou-se e, em um ataque de fúria, deu uma bofetada no rosto do marido, que revidou, dando início a uma agressão que só parou quando ambos, após rolarem no chão, estavam exaustos. Ao se levantar, Otávio olhou para o rosto da mulher que começava a inchar, tendo um pequeno corte nos lábios fazendo o sangue correr por seu pescoço, e disse com ar de desprezo:

— Quer saber a verdade, não quer? Pois bem, eu estava na cama de um motel com outra! Sabe por quê? Porque cansei de você. Cansei dessa sua cara de coitadinha, de Amélia cheirando a alho e à gordura. Não aguento mais chegar em casa e ter que olhar para essa sua cara feia e sempre chorosa!

Otávio foi para o quarto sem se incomodar com a mulher. Já estava acostumado com o jeito da esposa, que sempre brigava com ele após as noites na esbórnia e, no dia seguinte, agia como se nada estivesse acontecido, deixando-a chorando no sofá.

Os primeiros raios de sol passaram pelas frestas da janela, sem se incomodar com o estado de Marília, que perecia no mesmo assento do sofá, imóvel, remoendo as duras palavras do marido. "Preciso reagir!", pensou, dando um longo suspiro e deixando aquele estado de torpor. Ela levantou-se e foi direto à cozinha, onde preparou o café. Sentou-se à mesa e serviu-se de uma boa xícara do líquido fumegante, que lhe deu ânimo novo. Lembrou-se de sua mãe, mulher guerreira, e de suas palavras. Anos atrás, ela lhe dissera no dia do seu casamento: "Filha, casamento é para sempre.

Aconteça o que acontecer em sua vida conjugal, abaixe a cabeça e se faça de cega. Assim terá um marido para o resto de sua vida".

Não, sua mãe estava errada. Ela não toleraria as aventuras amorosas de seu marido. Decidida, armou um plano em sua mente. Após ingerir mais um gole de café, pegou outra xícara, colocou um pouco do líquido quente dentro e foi para o quarto. Acordou o marido e carinhosamente o serviu. Otávio achou estranho, mas acabou aceitando, afinal de contas, sabia que a esposa sempre fora passiva.

Após tomar o café, ele foi ao banheiro, tomou um bom banho, arrumou-se para mais um dia de trabalho, não sem antes ir ao quarto dos filhos e dar-lhes um beijo, seguindo então seu caminho. Deu um tchau seco para a esposa, que, ao ficar sozinha, passou a colocar em prática seus planos.

O dia ia alto, quando Marília chegou à rodoviária da cidade. Em uma das mãos, carregava uma mala com poucos pertences seus e dos dois filhos, que atentamente segurava com a outra mão. Comprou as passagens com destino a São Paulo, foi para o terminal de embarque indicado nos bilhetes e pôs-se a esperar. O ônibus ainda demoraria um pouco, o que a fez ficar apreensiva, pois em sua mente um turbilhão de ideias desconectadas a perturbava, só saindo de seu estado mental quando as crianças lhe chamavam a atenção com uma pergunta ou outra.

Quando o veículo finalmente estacionou no terminal, o coração de Marília disparou. Deixar para trás aquela cidade e tudo o que vivera até ali ainda lhe era penoso demais, mas precisava seguir em frente e dar um novo rumo à sua vida, para provar a si mesma que merecia uma vida melhor. Foi com esses pensamentos que entrou no veículo, não sem antes olhar para trás, certificando-se de que nada a impediria de ir para longe daquela cidade e de seu marido.

Capítulo **1**

Anos depois. São Paulo, 1995.

Mário entrou em casa cantando. Olga, sua mãe, olhou para o jovem rapaz. Seu filho tornara-se um homem rapidamente. Sua pele clara e seus olhos azuis denunciavam uma beleza chamativa, que ela exaltava com prazer. Ele, ao vê-la sentada com uma revista nas mãos, foi ao seu encontro e, dando-lhe um suave beijo no rosto, disse:

— Não me diga que a senhora está acordada por minha causa!

Olga esboçou um sorriso franco, ao lhe responder:

— Não, você sabe que não me preocupo com você e sim com Fábio!

— Xiii! Se está à espera de Fábio, acho melhor largar essa revista e pegar seu tricô. Terá tempo suficiente para fazer uma colcha!

O rapaz riu prazerosamente ao brincar com a mãe, que lhe respondeu com energia:

— Deixe de zombaria, Mário! Seu irmão está me deixando de cabelos brancos, e você ainda se diverte à minha custa?

— Não é isso, mãe! Eu só acho que a senhora não deve se preocupar tanto com ele. Fábio já tem dezoito anos, é maior de idade e sabe se cuidar muito bem.

— Seu irmão é um irresponsável, isso sim! — disse Olga, largando a revista no sofá.

Ela levantou-se e foi para a cozinha.

— Vou fazer um chá. Você quer?

O rapaz respondeu positivamente e, balançando a cabeça, sentou-se no sofá. Minutos depois, Olga voltou à sala com uma bandeja com chá e bolachas. Colocou as guloseimas em cima de uma mesinha, serviu o rapaz e depois se serviu, sentando-se em frente de Mário e ingerindo o líquido prazerosamente. Mário, procurando tirar sua mãe de suas aflições, mudou o rumo da conversa:

— A senhora já arrumou os quartos de hóspedes para a titia?

— Já! Ela e as crianças chegam amanhã de Ribeirão, e quero que tudo esteja impecável para recebê-los confortavelmente.

— A tia deve estar sofrendo muito com a morte de tio Afonso.

— E como, meu filho! Eles se amavam muito. Meu cunhado foi tudo para ela: pai, amigo, companheiro de todas as horas... É difícil encarar a morte de quem a gente ama. Seu pai já morreu há anos, e até hoje sofro por sentir a falta dele — respondeu Olga, num tom melancólico, fazendo o rapaz ficar pensativo.

Mário sabia do que sua mãe estava falando, pois perdera o pai quando ainda era criança. Foi difícil entender e se conformar com a morte. Pensou na tia, que foi como uma mãe para ele na ocasião da morte do pai. A tia cuidou dele e do irmão, quando os levou para morar com ela em Ribeirão no intuito de tirá-los um pouco do ambiente triste que ficou impregnado em seu lar. Os dois passaram quase um ano com a tia. Então, as férias escolares passaram a ser em Ribeirão, onde fizeram vários amigos.

Olga olhou para o relógio. Estava tarde. Decidiu ir para seu quarto, já que seu filho mais novo só chegaria em casa com os primeiros raios de sol. Olhou para Mário, que estava pensativo, e chamou-o para a realidade, dizendo:

— Vou para meu quarto. Você vai ficar aqui na sala?
— Vou, mamãe. Estou sem sono. Boa noite!

Olga deu um beijo no filho e foi se deitar.

A madrugada já ia alta, quando Fábio se despediu dos amigos em frente a uma casa noturna na cidade de São Paulo. Havia bebido um pouco mais e decidido dar umas voltas a pé antes de voltar para casa, quando seu celular tocou. O rapaz parou para atender. Era Fred, seu amigo, que estava na Avenida Paulista. Ao saber onde estava o rapaz, Fábio combinou de ir a seu encontro, pois assim teria carona para voltar para casa. Olhou à sua volta, situou-se e decidiu subir a Rua Augusta, local tradicional de São Paulo, conhecida por suas lojas e butiques, que ficavam abertas durante o dia e era frequentada pela alta sociedade local, e que à noite era frequentada por belas mulheres, que circulavam no intuito de venderem seus corpos, o que muitas vezes garantiria seu sustento.

Fábio tinha um quê a mais por aquela rua. Gostava de passear por ela, pois ali sentia o gosto dos prazeres carnais e o clima de liberdade que pairava no ar, por ser um local por onde todos os tipos de pessoas passavam animadamente. Ele estava distraído, quando, do nada, uma bela jovem o abordou, perguntando-lhe as horas. O rapaz olhou o relógio e respondeu:

— Quatro e meia!

A jovem, ao ouvir as horas, pensou alto:

— Mais que droga! Estou frita! Obrigada!

A moça já ia embora, quando Fábio resolveu segui-la. Os dois estavam indo na mesma direção, e logo o rapaz a alcançou, dizendo afoito:

— Você está correndo muito. Não quer ir mais devagar? Assim posso acompanhá-la. Não é bom uma moça como você ficar andando sozinha por estas ruas.

A moça riu ao lhe responder:

— Era só o que me faltava! Uma cantada barata a essa hora! Bem, se quer me acompanhar, tudo bem, mas terá de andar rápido, pois preciso chegar em casa antes de o sol nascer.

Procurando manter o mesmo pique da moça, Fábio perguntou:

— Está bem, mas qual é o seu nome?

A moça pensou um pouco, antes de responder:

— Mila! Mas por que você quer saber?

Fábio parou de andar, olhou mais uma vez para a moça, que, ao vê-lo parar, fez o mesmo. Por segundos, uma leve tremedeira o acometeu. Ele aproximou seus lábios dos dela e a beijou ardentemente, como nunca em sua vida beijara alguém, pegando a jovem de surpresa, que, sentindo o hálito gostoso que saía da boca do desconhecido, retribuiu com sofreguidão, deixando-se levar pelos desejos do rapaz. Quando ela finalmente caiu em si, o afastou com força, dizendo:

— Você é louco ou o quê?

Sem saber o que dizer, Fábio respondeu:

— Eu estou louco de desejo por você!

A moça deu uma risada sarcástica e respondeu:

— Bem, para eu corresponder aos seus desejos, você tem que ter no mínimo seiscentos reais no bolso, o que você não deve ter. Então, não me faça rir!

As palavras da jovem caíram feito farpas em seu espírito já um pouco atordoado pelo uso de bebida alcoólica e pelo tardar das horas, fazendo-o meditar por alguns segundos, antes de a questionar indignado.

— Você... você é garota de programa?

— Meretriz, acompanhante de luxo, prostituta, mulher de vida fácil ou como você queira. Agora tenho que ir. Foi um prazer! — Mila riu gostosamente da cara que o jovem fez ante sua resposta. Estava acostumada com aqueles filhinhos de papai que sempre vinham importuná-la, quase sempre querendo diversão gratuita, uma vez que viviam de mesada que mal garantia a bebida do fim de semana.

Ao jogar um beijo para o ar, Mila deu sinal a um táxi e entrou rapidamente no veículo, sumindo pelas ruas da cidade e deixando Fábio atordoado. Ele, por fim, foi ao encontro do amigo, que, ao vê-lo um tanto embriagado, tratou de levá-lo para casa, terminando, assim, mais uma madrugada agitada para o rapaz.

Beth entrou em casa sem fazer barulho e foi direto para o quarto. Lá, tirou a maquiagem, colocou seu pijama e deitou-se. Ela mal fechou seus olhos, e leves batidas na porta a fizeram levantar-se. Na certa, era seu irmão Pedro, o que a fez fazer cara de sono ao atendê-lo.

— Bom dia, minha irmã! Eu não queria acordá-la tão cedo, mas é que do meu quarto ouvi passos pela casa. Fiquei preocupado com você.

Beth espreguiçou-se. Queria passar para o irmão a imagem de que havia dormido bem. Após bocejar, respondeu:

— Você deve estar ouvindo passos do além. Só há três pessoas nesta casa: eu, que estava dormindo, papai, que está em estado vegetativo e portanto não sairia andando pela sala, e você, que tenho certeza de que estava sonhando. Agora, já que acabei acordando, vamos para a cozinha. Estou faminta!

Beth foi à cozinha acompanhada pelo irmão, que a ajudou a preparar o café da manhã e pôr a mesa. Tomaram o desjejum absortos em seus pensamentos. Pedro, ao ver o olhar distante da irmã, quebrou o clima de silêncio que se instalara no local, questionando:

— O que você tem? Parece-me bastante preocupada!

Beth suspirou tristemente ao lhe responder:

— Estou pensando... Por que será que não somos felizes em nossas vidas? Só há tragédia. Mamãe, coitada, teve aquele maldito câncer que a consumiu. Sofremos tanto... Lembra-se de quando a doença piorou? Mamãe foi definhando, se apagando, até morrer. E papai, então, agora está naquela cama vegetando. Não fala, não tem sensações... Vivemos da aposentadoria dele e do seu salário, Pedro, e ainda temos que pagar uma empregada, pois a faculdade toma quase todo o meu tempo, as despesas são muitas e o dinheiro é escasso. Que vida, caramba! Enquanto algumas pessoas têm tudo, outras não têm nada ou quase nada.

Beth parou para enxugar as lágrimas que rolavam por sua tez morena e delicada.

— Aceite as coisas como elas são. Você ainda teve sorte de conseguir a bolsa integral na faculdade! Beth suspirou profundamente. Seu irmão nem sonhava com a forma como ela ganhava dinheiro para pagar a faculdade, que ele acreditava ser gratuita. Por instantes, sentiu nojo de si mesma e de ter que mentir para ele, fazendo-o acreditar em sua história. E, quase questionando a si mesma, respondeu:

— Mas por que tem que ser assim?

— De uma vez por todas, minha irmã, aprenda a ser realista. Você é muito aluada e sonhadora. Caia na real. Nós somos pobres, temos um pai doente e somos órfãos de mãe. E quer saber qual é o seu futuro? Vai se casar com um homem igual a você em questões financeiras e terá filhos que levarão a mesma vida medíocre que nossos pais tiveram e que nós temos. É assim que a vida funciona para gente como nós.

Beth calou-se. Seu irmão era uma pessoa difícil. Pensou em lhe falar sobre seus sonhos, suas vontades, e em lhe dizer que a vida não era como ele acabara de colocar e que acreditava em dias melhores. Por instantes, teve ímpetos de expor seus sentimentos íntimos, colocar todas as cartas na mesa e lhe contar toda a verdade sobre o que fazia secretamente, na calada da noite, para manter sua faculdade e seus gastos pessoais, mas desistiu, pois isso de nada adiantaria e ele nunca aceitaria sua profissão, o que era compreensível, uma vez que ela mesma se pegara várias vezes se recriminando com o que fazia para conseguir alcançar seus objetivos na vida.

Ao ver a irmã perdida em seus pensamentos, Pedro levantou-se, preparou um copo de suco e foi ao quarto do pai. Entrou e o encontrou acordado. Aproximou-se da cama, dizendo animadamente:

— Bom dia, papai, o sol lá fora está radiante. Eu lhe trouxe um suco. Está do jeito que o senhor gosta, com pouco açúcar.

Pedro, carinhosamente, ajudou o pai a beber o líquido. Quando terminou, abriu as janelas do quarto para o sol entrar, trazendo seus raios benéficos para aquele quarto. Em seguida, trocou as fraldas noturnas do pai, que não esboçou gesto algum. Por fim, chamou a irmã, que o ajudou a colocar o homem na cadeira de rodas.

Todo domingo, Pedro saía com o pai para passear, o que lhe fazia um bem enorme. Aproveitando-se da ausência do irmão e do pai, Beth passou a arrumar a casa e a fazer o almoço rapidamente, assim teria a parte da tarde para dormir sossegada, afinal, tirar um cochilo à tarde era normal, e seu irmão não desconfiaria de nada.

Olga acordou cedo, foi até o quarto de Fábio e agradeceu a Deus por ver o filho em casa. Mais tranquila, dirigiu-se à cozinha e preparou o café da manhã. Comeu um pedaço de pão e pôs-se a fazer as últimas arrumações na casa para receber a irmã, que chegaria logo mais. Estava distraída com seus afazeres, quando Mário se aproximou, dando-lhe um beijo no rosto. Ao ver o filho, Olga comentou:

— O café está no fogão, vá se servir. Eu já fiz minha refeição. Não quis esperá-lo, pois pensei que ia acordar mais tarde.

— Não se preocupe comigo, mamãe. Eu me viro.

Mário foi à cozinha, preparou seu café e o tomou. Em seguida, olhou para a pia e viu alguns talheres sujos.

Levantou-se da mesa e lavou sua xícara, aproveitando para arrumar a cozinha. Ao ver o filho lavando a louça, Olga brincou:

— Pensei que homem não fizesse serviços domésticos!

— Ora, mãe! Não sei por que o espanto! Sempre que posso, a ajudo com os afazeres.

— Eu sei, filho. É que vendo você, eu me lembro de seu pai. Que Deus o tenha! Ele sempre me dizia que não podia lavar louças.

— Papai era machista ao extremo, no entanto, não o critico, pois foi assim que ele aprendeu. Mãe, agora mudando de assunto... desculpe-me, mas tenho que falar que Fábio chegou em casa um pouco alcoolizado, minutos antes de a senhora acordar. Não sou contra as saídas dele, pois sei que ele só quer se divertir, porém, acho que uma boa conversa é necessária para puxar um pouco o freio dele. Se a senhora permitir, falarei com ele.

Olga ficou pensativa. Fábio, ultimamente, estava extrapolando. Olhou para o filho e disse em tom enérgico:

— Deixe, Mário! Quem vai ter uma boa conversa com seu irmão sou eu!

Mário ouviu o som da campainha e foi atender. Abriu a porta e deparou-se com Luiz, seu amigo. Os dois se cumprimentaram alegremente. Ao entrar no recinto, o rapaz sentou-se confortavelmente no sofá da sala e entregou um embrulho para Mário, dizendo:

— Aqui está aquele negócio que você havia me pedido. Espero que goste!

Mário olhou à sua volta, viu que ninguém se aproximava e, então, pegou o embrulho das mãos de Luizo e guardou embaixo de uma das almofadas, pois ouviu passos vindo em sua direção. Era Olga, que, ao ver o amigo do filho, abriu um largo sorriso, lhe deu um beijo no rosto e questionou:

— O que aconteceu para passar aqui tão cedo? Acaso, caiu da cama?

— A senhora se esquece de que hoje é domingo? Daqui vou para o campo de futebol para jogar uma pelada e passei aqui para convidar Mário.

— Você não tem jeito! Eu o conheço desde menino, e todo domingo é a mesma coisa. Não cansa de jogar futebol?

Foi Mário quem respondeu:

— Parece que Luiz já nasceu com uma bola de futebol nas mãos, mãe! É pena que hoje não poderei ir com você, Luiz. Adoraria ganhar do seu time, mas minha tia e meus primos estão vindo do interior, e quero estar aqui para recebê-los.

— Você havia comentado comigo. É que, com tanta coisa na cabeça, acabei me esquecendo — Luiz levantou-se, deu um abraço no amigo e um beijo na face da jovem senhora, e deixou o local, o que fez Olga voltar a seus afazeres. Mário, por sua vez, pegou o embrulho e foi para seu quarto, onde pôde avaliar o presente do amigo com mais privacidade.

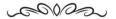

Marília olhava a paisagem que aparecia lentamente. Os anos haviam passado rapidamente para ela e voltar para a capital depois de tantos anos causava certa insegurança em seu espírito, já cansado de tantas lutas ao longo de seus quarenta e poucos anos. Olhou para César, que dirigia o automóvel atento. Seu filho era seu orgulho; crescera bonito, saudável e cheio de virtudes que a deixavam orgulhosa. A essa constatação, sorriu interiormente. Apesar de tudo, estava feliz.

Clara, que estava sentada no banco de trás, vendo a mãe pensativa, comentou:

— Eu queria ser sensitiva para saber o que a senhora está pensando.

Marília virou a cabeça para trás, respondendo:

— Pensamento e coração são terras em que ninguém consegue andar, mas vou saciar sua curiosidade. Eu estava me lembrando de Afonso e de quando nos mudamos para Ribeirão cheios de planos e sonhos.

— É! Afonso era um cara legal!

— Por que você insiste em se referir ao nosso pai dessa maneira? — perguntou César, não gostando do tom que a irmã usara.

— Pelo simples fato de que ele não era meu pai.

— Você é mal-agradecida, Clara! Pai é quem cria, quem educa e dá amor, e isso Afonso sempre esbanjou.

— Eu até concordo, mas você esquece, mano, que nosso verdadeiro pai não nos deu tudo isso, porque foi privado de fazê-lo.

— Cale-se, Clara. Não quero ouvir mais um "a". Ao menos hoje, quero paz! — interpelou Marília, irritada.

Percebendo que havia extrapolado, Clara resolveu não tocar mais naquele assunto, o que foi bem recebido por todos, que seguiram absortos em seus próprios pensamentos. Pouco tempo depois, César estacionou o carro em frente a uma bela casa na Pompeia, onde Olga, sua tia, morava. Os três desceram ansiosos do carro, e foi César quem tomou a dianteira ao apertar a campainha freneticamente. Olga apareceu em seguida para recepcioná-los, beijando os sobrinhos e a irmã e fazendo-os entrar. Ao ouvir o barulho, Mário, que estava em seu quarto, foi ter com eles. Todos ficaram em uma palestra animada por um longo tempo.

O almoço foi servido. A alegria naquele lar era geral. Até Fábio, que tinha o hábito de acordar na parte da tarde, levantou-se para participar do almoço em família. Após a refeição, todos voltaram para a sala, exceto Olga e Marília, que ficaram para lavar a louça.

Ao ver-se a sós com a irmã, Olga comentou:

— Você e Clara não conseguem se entender mesmo. Percebi certa rispidez entre vocês durante o almoço.

Marília esboçou uma reação de desânimo ao responder à irmã:

— Não sei mais o que fazer. Clara vive me acusando de tê-la afastado do pai. Ainda hoje discutimos.

— Não fique chateada, minha irmã. Clara ainda é muito jovem e não sabe quase nada sobre a vida. Na idade dela é fácil julgar e difícil compreender, mas, quando se apaixonar por alguém, se casar e se tornar mãe, saberá compreendê-la.

— Que Deus a ouça! Queria tanto que ela fosse como César! Não sei onde errei.

Olga pegou o pano de prato e, enquanto secava a louça, respondeu:

— Cada ser é único. Eu também tenho dois filhos completamente diferentes. Enquanto Mário é mais caseiro, educado e responsável, Fábio é o oposto. Hoje mesmo, chegou em casa alcoolizado. Mas como diz o ditado, filho criado, trabalho dobrado.

— Concordo!

As duas continuaram com seus afazeres. Enquanto elas trabalhavam, seus filhos mantinham uma animada conversa na sala de estar. Mário estava mais quieto. Estranhando o jeito do primo, Clara perguntou:

— O que houve, Mário? Estamos aqui falando há horas, e você está mudo.

— Ora, priminha. Você e Fábio já estão falando por todos.

Clara jogou umas almofadas em cima do primo, dizendo:

— Não me chame de tagarela!

— Está bem, tagarela! Está preparada para começar a estudar aqui em São Paulo?

— Bem, acho que não tenho com o que me preocupar. E depois, faculdade é tudo igual, quando se quer estudar realmente.

— Ih! Falou a CDF! — interpelou Fábio, que também foi premiado com uma almofadada.

Todos riram, inclusive Olga e Marília, que se aproximaram dos filhos, no intuito de participarem da conversa.

A tarde passou animadamente naquele lar, trazendo no ar uma agradável sensação de paz no ambiente.

Beth olhou-se no espelho do pequeno banheiro do bar que frequentava. Precisava se preparar para mais uma noite de trabalho e, ao passar o batom, gostou do que viu. Aquela maquiagem mudava e muito seu visual, deixando-a mais bonita e atraente, e foi com esses pensamentos que Beth ajeitou a minissaia e, passando as mãos pelos cabelos num gesto sensual, deixou o local, indo em direção ao balcão. Lá, como fazia todas as noites, pediu para o proprietário do estabelecimento guardar seus pertences e foi atendida prontamente por seu Nelson, que, além de lucrar com as jovens que consumiam em seu bar, tinha um apreço especial pela moça. Diferente de outras clientes, Beth estava sempre de bom humor e o tratava com carinho, e foi com um leve sorriso nos lábios que ela deixou o local. Ao chegar à rua, ela olhou para os lados e, vendo bem à sua frente uma rodinha de garotas conversando animadamente, foi ter com elas:

— Vejo que ontem a noite foi rentável. Estão todas felizes.

Telma, sua amiga e confidente, respondeu:

— Eu não posso reclamar. Saí de novo com aquele coroa bonitão. Foi maravilhoso!

— Hum! Acho que logo ele te pedirá em casamento!

— Que é isso, Alice?! Acorde! Não estamos no País das Maravilhas, não! Desde quando um boa-pinta vai querer se casar com uma de nós? — respondeu uma das moças.

— E por que não? Se você se sente inferior com o que faz, é um problema seu. E depois, sonhar não custa nada, sua mal-amada! Agora, me dê licença! Eu e Telma temos muito o que conversar.

Beth puxou a amiga pelo braço, afastando-a das outras. Ao ver-se longe das outras colegas, Telma falou:

— Nossa, mais um pouco e você batia na Amanda!

— Nossa, por quê? Não gosto de gente invejo-sa. Percebi o veneno dela e não gostei! Agora, me conte tudo sobre ontem.

As duas continuaram a prosa. Telma deu detalhes sobre o que lhe aconteceu na noite anterior, enquanto a amiga vibrava de felicidade a cada palavra citada.

— Então foi isso o que aconteceu. Não sei! Sinto que Adalberto está realmente apaixonado por mim.

— Fico feliz por você! Vá em frente! Esta vida que levamos não é nada boa. Só de saber que você está se dando bem, isso já me traz grande alegria. É pena que eu não possa dizer que ontem a noite foi lucrativa.

Telma espantou-se, pois, quando estava no trabalho usando seu pseudônimo, Beth sempre se mostrava de alto-astral. Telma admirava a amiga por essa qualidade, uma vez que conhecia seus dramas íntimos. Queren-do se aprofundar na conversa, ela comentou:

— Agora quero saber o que lhe aconteceu, pois você não é de ficar reclamando de nada!

— É, mas ontem foi difícil! Bem, primeiro foi difícil aparecer um freguês. Eu estava quase indo embora, quando apareceu um. Você sabe... quanto mais tarde da noite, menos propostas. Pois bem! Acabei aceitando fazer o programa cobrando mais barato, o que não é do meu feitio. Fomos para o motel, e eu fiz o que tinha de ser feito. Na hora de ir embora, isso lá pelas quatro da manhã, o cara não queria me pagar.

— Não acredito! Mas e aí? O que você fez?

— Ah! Eu rodei a baiana, e ele acabou me pagando. No entanto, ele me deixou longe daqui, e, para completar, quando eu estava voltando, encontrei um desses filhinhos de papai que ficou me perturbando. Resultado: tive de pegar um táxi para voltar para casa, e a metade do que ganhei na noite foi para pagar o motorista.

— Ai, minha amiga! Que urucubaca! Vá procurar uma mãe de santo para se benzer.

Beth riu prazerosamente com a expressão da amiga e, em seguida, respondeu:

— Estou precisando mesmo, mas acho que foi só um dia ruim. Hoje será diferente. Você verá!

Ao dizer essas palavras, as duas se despediram, indo cada uma para um lado da rua, onde, ao verem os carros passando, começaram a fazer gestos sensuais com a língua e as mãos, na tentativa de chamar a atenção dos que ali circulavam em seus automóveis à procura de prazer e diversão. Em poucos minutos, Telma pôde ver um belo carro importado parar para a amiga, que, após um breve diálogo com o possível cliente, entrou no veículo, enquanto ela continuava expondo seu "produto" naquela rua animada da cidade de São Paulo, onde os encarnados e desencarnados aproveitavam para se divertir com os prazeres do sexo.

Capítulo **2**

Marília estava sentada no sofá, e a fisionomia do marido falecido insistia em permanecer em sua mente, oprimindo seu peito. Por segundos, ela desejou que ele estivesse do seu lado, e uma discreta lágrima escorreu por sua face. Ficara tão distraída que não percebera a presença da irmã, que, vendo seus olhos perdidos no espaço, a tirou de seus devaneios dizendo:

— Por que a tristeza? Saudades de Ribeirão?

— Saudades de Afonso. Hoje faz nove meses que ele morreu, mas tenho a sensação de que já faz séculos.

— É difícil nos separar de quem amamos, mas com o tempo acabamos nos acostumando. Também senti falta de Camilo, mas já me conformei com a ideia de não o ter mais.

— Olga, será que essa história de reencarnação é verdadeira?

— Não acredito. Acho bobagem essa coisa de espírito que morre e volta em outro corpo. Para mim, isso é coisa de gente sonhadora, fraca, que precisa de uma muleta ilusória para viver. Mas por que a pergunta?

— Nada de mais. É que, desde que fiquei viúva, passei a questionar algumas coisas. Você sabe tudo o que passei desde quando me casei com Otávio, minha separação, a fase difícil... Depois, veio Afonso, meu anjo da guarda, que me fez amar novamente. Agora, a viuvez. Isso tudo aconteceu comigo, enquanto outras mulheres tiveram outras vidas, outras experiências. Por quê? Segundo o que aprendemos nas religiões tradicionais, Deus é justo. Mas, se Ele é justo, por que há tanta diferença no mundo? Isso é contraditório, concorda?

Procurando interpretar os pensamentos da irmã, Olga respondeu:

— Concordo!

— Então podemos tentar a hipótese da reencarnação, pois só assim explicaríamos todas as diferenças no mundo!

Olga calou-se.

"Minha irmã está variando. Concordar com ela será o mesmo que a apoiar, e isso eu não farei", pensou e, procurando mudar de assunto, abriu um ligeiro sorriso dizendo com amabilidade.

— Que tal deixarmos os mortos descansarem em paz? Esse assunto me dá arrepios e, além do mais, tenho que preparar o jantar, pois Mário logo voltará do trabalho e as crianças do passeio no Ibirapuera.

Marília concordou com a cabeça, fazendo a irmã deixá-la a sós para cuidar de seus afazeres.

— Dona Júlia, o jantar está pronto. Posso mandar servir?

— Pode, Maria! Adalberto ligou. Surgiu uma reunião de última hora, e ele não vai jantar em casa.

Júlia suspirou. Estava irritada. Conhecia o marido e algo lhe dizia que ele estava mentindo. Sua intuição indicava traição. Olhou à sua volta, estava sozinha. Tendo a solidão como companheira, andou até a sala de jantar, onde a criada acabava de pôr a mesa, sentou-se, mas, ao olhar para o prato de sopa, subitamente perdeu o apetite. Levantou-se e foi para o quarto, tentando não demonstrar sua irritação para a empregada. Sua vida ao lado do marido estava monótona, e, nos últimos meses, as desculpas de Adalberto para chegar tarde em casa tornaram-se constantes, levando-a a acreditar que ele arrumara uma amante. Passava da meia-noite, quando ele finalmente entrou em casa procurando não fazer barulho e foi direto ao quarto. Ao ver a esposa andando de um lado para outro, a questionou, fingindo não entender o porquê daquela cena.

— O que houve, Júlia? Está doente?

Júlia devorou-o com os olhos ao responder:

— Doente? Você chega em casa de madrugada e ainda zomba de mim?

Adalberto suspirou, foi ao banheiro, escovou os dentes e, ao voltar ao quarto, finalmente encarou a esposa, que não se continha de tanto ódio:

— Eu avisei que chegaria tarde. Sou um homem de negócios, portanto pare com essa frescura e vá dormir, pois amanhã terei um dia cheio e preciso descansar. Júlia não respondeu. Não acreditava em uma palavra do marido e tinha certeza da existência de outra mulher. Era questão de tempo. Descobriria quem era a mulher e se vingaria dele e da sirigaita que ousara cruzar seu caminho. Com esses pensamentos, deitou-se na cama para alívio de Adalberto, que logo começou a ressonar sem perceber que ao seu lado Júlia procurava um meio de vingar-se.

Os dias foram passando rapidamente. Beth estava em casa, acabando de arrumar o pai, quando seu irmão chegou do trabalho. Ao vê-la atarantada, Pedro comentou:

— Você está trabalhando demais. Dona Josefa não a está ajudando com as tarefas?

— Impressão sua, meu irmão! A única coisa que me atrapalha é o tempo, você sabe. Fico na faculdade na parte da manhã, e, quando chego em casa, a Josefa já cuidou de praticamente tudo, então almoço e tiro um cochilo. Quando acordo, dou banho no papai, pois ela não o faz por princípios éticos, ou, no popular mesmo, por ignorância. E é exatamente quando você chega que estou às voltas com o jantar. É uma coisinha ou outra que sempre fica por fazer.

— Se é assim, tudo bem. Dona Josefa ganha bem pelo que faz. Se você não estiver satisfeita com ela, arrumamos outra.

— Não é necessário. E não se preocupe tanto comigo!

Beth aproximou-se do irmão e deu-lhe um leve beijo na face, que foi retribuído com um forte abraço. Os dois sempre foram muito unidos, e, cada dia que se passava, os laços de amizade e de amor incondicional aumentavam ainda mais.— Você é o melhor irmão do mundo! — comentou a jovem, ao ir cuidar das panelas no fogão, enquanto Pedro a observava. Em poucos minutos, a moça terminou o jantar e foi para o banheiro, onde, após tomar um banho demorado e colocar seu pijama, voltou à cozinha para jantar ao lado do irmão, como fazia todas as noites.

Olga tomava café com a irmã, relembrando a infância e a juventude, quando Fábio se aproximou com um sorriso nos lábios. Ao ver o filho bem-arrumado, exalando um perfume chamativo, desses que os jovens gostam de usar para se sentirem mais atraentes, Olga o mediu de cima a baixo, comentando em tom de reprovação.

— Não me diga que vai sair!

O rapaz riu gostosamente ao responder:

33

— Acalme-se, coroa! Não sei por que o espanto! Hoje é sexta-feira, dia de balada.

— Você não sossega mesmo, hein?! Não sei o que fazer com você!

Fábio beijou a tia e em seguida deu um beijo na mãe, saindo sem ao menos dar ouvidos às lamentações de Olga, que, ao vê-lo fechar a porta, se queixou: — Está vendo? Esta casa virou de pernas para o ar. Fábio não para mais em casa, e Mário, não sei por que, anda meio estranho ultimamente... Eu não sei o que fazer!

— Acalme-se, Olga! Eles são jovens e querem se divertir. E depois, a noite de São Paulo é divina. Clara e César também estão se arrumando para sair, e eu não estou nem um pouco preocupada.

— Pois deveria estar. Você é muito sossegada para meu gosto.

— Eu não sou sossegada. Simplesmente, eu entrego a vida dos meus filhos a Deus. Não posso privá-los de se divertirem. Além do mais, se algo de ruim tiver de acontecer, acontecerá, quer eles estejam aqui ou nas ruas. Você não assiste aos jornais? Quantas pessoas morrem todos os dias por causa de balas perdidas? Muitas dessas pessoas estão dentro de casa, quando são atingidas.

— Eu não a conheço, minha irmã. Acho que a viuvez a está deixando lesa das ideias.

— Não estou ficando lesa, não. É você quem faz tempestade em copo d'água. Deixe de ser dramática e passará a ver a vida de outra maneira.

— Era só o que me faltava! Depois de velha, tenho que ouvir conselhos de como devo cuidar de meus filhos. Faça-me o favor, minha irmã!

— Em primeiro lugar, você não é nenhuma velha. Em segundo, temos sempre o que aprender. A menos que você diga que é Deus e que, portanto, sabe de tudo!

Olga fez uma expressão de deboche, o que fez Marília rir prazerosamente. Em seguida, retirou-se, pois não desejava discutir com a irmã que tanto amava.

A noite ia alta, quando Beth chegou ao seu local de trabalho. Telma, ao ver a amiga, foi ao seu encontro. Dando-lhe um beijo no rosto, pegou em sua mão e a puxou para um canto mais reservado. Comentou:

— Já estava ficando preocupada e cheguei a pensar que você não viria esta noite.

— Eu quase não viria mesmo. Cada dia que passa, fica mais difícil sair de casa sem levantar suspeitas.

— Imagino! Deve ser difícil manter uma vida dupla.

Beth olhou à sua volta, sentindo certo desconforto com sua situação. Procurando mudar de assunto, comentou:

— Você sabe que minha vida não é nada fácil, mas deixe a vida da Beth pra lá. Aqui, eu sou Mila e, como preciso pagar minhas contas, diga-me: como está a freguesia?

Telma riu prazerosamente dos trejeitos da amiga e em seguida respondeu:

— Daquele jeito! Há pouco apareceu um sadomasoquista e fez sua proposta, e eu, é claro, não aceitei, pois não sou saco de pancadas. Mas gostei do jeito dele, pois pelo menos jogou limpo comigo e não fez como muitos que a gente conhece por aí, que, quando chega a hora, acham que a gente é um objeto no qual eles podem pintar e bordar.

— Se todos fossem assim, não teríamos tantos problemas. Você sabe que não quero levar essa vida por muito tempo. Estou no terceiro ano da faculdade e, quando terminar o curso... Adeus, vida fácil.

Por segundos, Telma lembrou-se dos motivos que a levaram a se prostituir. Ao vê-la pensativa, Beth perguntou:

— O que houve? Você ficou com um ar de tristeza. Foi alguma coisa que eu disse?

— Não, eu estava me lembrando do que me levou a essa vida.

Beth mordeu levemente os lábios. Ela e Telma eram amigas havia mais de três anos, e ela nunca lhe falara sobre seu passado e, sentindo uma leve curiosidade, comentou:

— Somos amigas há tanto tempo, e você nunca me falou nada a seu respeito. Acho que sou mesmo egoísta, uma vez que estou sempre a perturbando com meus problemas, sem lhe dar chance de falar dos seus.

— Não seja dramática. Aprendi que tudo tem seu tempo e hoje estou a fim de me abrir com você. Venha, vamos tomar uma cerveja no bar do Nelson, pois assim desabafo.

As duas entraram no barzinho, pediram uma cerveja, que lhes foi servida rapidamente. Sentaram-se a uma mesinha, e Telma começou a falar:

— Não sei o que anda acontecendo comigo ultimamente. Venho relembrando meu passado, e talvez seja porque não gosto de recordá-lo. Vou lhe contar minha história.

Telma tomou um gole de cerveja, no intuito de criar coragem para falar de suas experiências. Em seguida, prosseguiu:

— Eu morava em Mogi das Cruzes com minha mãe e dois irmãos mais novos. Meu pai morreu quando eu tinha dez anos. A princípio, minha mãe ficou sozinha, mas, com o passar do tempo, ela decidiu arrumar um companheiro, o que, de início, considerei normal. Pois bem. Ela começou a sair à noite e passou a frequentar um forró em um bar no mesmo bairro em que morávamos. Eu ficava tomando conta dos meus irmãos para ela poder se divertir, até que, em uma dessas noites, ela conheceu um rapaz. José era mais novo que ela, e os dois se apaixonaram. Não demorou muito, e ele já estava dentro de casa morando conosco. No começo, ele nos tratava bem, mas isso mudou com o tempo. Com catorze anos, meu corpo começou a mudar. Você sabe como é, pois passou por essas transformações. José começou a vir com segundas intenções para mim, e eu me esgueirava. Cheguei a falar com minha mãe, mas ela não acreditou e ainda me culpou, dizendo que eu precisava me dar ao respeito. Pensei em questioná-la, afinal de contas eu estava na adolescência e não tinha culpa de meu corpo estar despertando a libido de meu padrasto, mas desisti. Ela estava convicta de que eu o estava provocando, e nada que eu falasse mudaria sua opinião. E, assim, o tempo foi passando. Para não alimentar os desejos de José, passei a usar roupas longas e discretas, nada que deixasse meu corpo à mostra ou parte dele. No entanto, em um domingo, quando eu já estava com dezesseis anos, minha mãe saiu com meus irmãos, me deixando sozinha com aquele homem. José começou a beber sem parar e passou a me olhar de um jeito que fez todo o meu corpo estremecer. Fiquei trancada no quarto, pois acreditei que, assim, ele não me perturbaria, mas foi puro engano! Não demorou muito, passei a ouvir leves batidas na porta, que foram se tornando mais fortes até que a porta foi arrombada por ele, que entrou no local com tanta fúria que a única coisa que me restou foi gritar.

Telma parou sua narrativa, para enxugar uma discreta lágrima que insistia em cair por sua face. Sem saber o que dizer, Beth limitou-se a encorajá-la com o olhar, o que lhe foi benéfico. Após tomar um gole de cerveja, Telma prosseguiu:

— Ainda posso sentir o cheiro daquele animal em cima de mim, me dominando, cobrindo meu rosto com o travesseiro e se esbaldando em meu corpo da forma mais vil e animalesca que você possa imaginar. Em poucos minutos, todo o desejo acumulado durante aqueles anos foi extravasado. Quando ele finalmente se sentiu satisfeito, me largou na cama, sem que eu conseguisse esboçar uma sílaba, além dos gemidos de dor que vinham do fundo de minha alma.

Beth pegou um lenço de papel em sua bolsa e, aproveitando a pausa da amiga, enxugou as lágrimas que começaram a cair copiosamente. Não imaginava que sua melhor amiga tivesse passado por tamanho sofrimento e, após enxugar os olhos com o lenço, comentou:

— Nossa, amiga. Não sei nem o que lhe dizer! Telma fez um pequeno gesto afirmativo com a cabeça e em seguida respondeu: — O pior veio depois! Quando minha mãe chegou em casa, encontrou-me ainda na cama do jeito que aquele mostro havia me deixado horas antes. E eu, acreditando que ela ficaria do meu lado, criei forças e lhe contei o que havia acontecido. Minha mãe ficou furiosa, não com ele, mas comigo, chegando ao ponto de pegar a cinta dele e me bater, dizendo que eu fora a culpada, que eu o provocara. Sem pensar duas vezes, ela me puxou pelos cabelos e me jogou no meio da rua, como se eu fosse um cão sarnento. Sem dinheiro, sem saber para onde ir e o que fazer, comecei a perambular pelo centro da cidade, pedindo esmolas, até que um dia conheci João, um caminhoneiro que estava de passagem pela cidade. Ele se interessou por mim, me deu comida, e, em troca, ofereci meu corpo como forma de pagamento. Ele estava vindo para São Paulo, então resolvi vir junto. Quando cheguei aqui, João me pagou um quarto de um pensionato, deixando quinze diárias pagas. Ao se despedir, sugeriu que eu me prostituísse, porque eu era bonita e nova, e assim teria como sobreviver. E aqui estou.

Ao parar sua narrativa, Telma levou a mão à bolsa, tirou uma pequena corrente de ouro e entregou à amiga, dizendo:

— João me deu esta corrente e me fez prometer que não a venderia em hipótese alguma. Disse que, enquanto eu a possuísse, teria sorte. Agora ela é sua.

Beth pegou a corrente nas mãos e, após uma breve avaliação, a colocou sobre a mesa, dizendo:

— Não posso aceitá-la. É seu amuleto da sorte.

— Não vou mais precisar dele. E depois, sempre estaremos juntas. Estando em suas mãos é o mesmo que estar nas minhas. Guarde de recordação.

Beth sentiu um nó na garganta. Aquela conversa pareceu-lhe mais uma despedida do que um simples desabafo, mas, diante do olhar amoroso da amiga, pegou a corrente e a guardou na bolsa. Finalmente, respondeu:

— Ela estará sempre comigo, amiga! As duas se abraçaram, e, ao olhar para o relógio de pulso, Telma decidiu voltar para a rua, sendo seguida pela companheira. Beth ficou um pouco mais à frente da amiga e logo entrou em um automóvel, não sem antes esboçar um sorriso para Telma, dando-lhe um leve aceno de despedida.

～⚬⚬⚬～

O sábado amanheceu ensolarado. O clima quente aquecia o coração das pessoas, proporcionando-lhes uma agradável sensação de bem-estar e vontade de viver. Na casa de Olga, no entanto, o astral não estava bom. Ela havia acordado cedo e, como fazia todas as vezes em que Fábio saía à noite, foi ao quarto do filho.

Ao entrar, apavorou-se. Fábio ainda não havia chegado. Sem saber o que fazer, Olga começou a gritar.

Todos da casa acordaram, e o tumulto se formou. Mário tentou ligar para o celular do irmão, mas só caía na caixa postal. Ligou para alguns amigos do rapaz, mas ninguém sabia de seu paradeiro. As horas iam passando, aumentando ainda mais o desespero de Olga. Marília, procurando tranquilizá-la, comentou:

— Fábio deve estar dormindo na casa de algum amigo. Você sabe como são os jovens! Não se preocupam com nada! Mas tenho certeza de que logo ele aparecerá.

— Eu não sei. Estou com um mau pressentimento. Meu coração de mãe diz que algo lhe aconteceu.

— Não seja dramática, mamãe! Não aconteceu nada com Fábio. Ele está bem!

— Vocês estão dizendo isso para me acalmar, mas não adianta.

As horas passaram arrastadas para Olga, que já não aguentava mais tomar os chás de cidreira que sua irmã lhe fazia.

Estavam todos na sala, quando a porta se abriu. Era Fábio, que entrou em casa cantarolando, fazendo Olga correr ao encontro do filho e dar-lhe um abraço, aliviada por vê-lo bem. Vendo a postura despreocupada do irmão, Mário indagou:

— Onde você estava? Será que não podia atender ao telefone?

Fábio deu um beijo na mãe, que, vendo o filho mais velho chamar sua atenção, ficou à espera de sua resposta.

— Acalme-se, maninho! Eu estava em boa companhia e acabei perdendo a hora. Foi só isso!

— Só isso? Olha, Fábio, você vem agindo com irresponsabilidade. A princípio, achei que isso fosse normal, pois você é jovem, gosta de sair e se divertir, mas hoje você passou dos limites.

— Desculpe! Prometo a vocês que isso não se repetirá. Agora vou para meu quarto, pois estou exausto.

Ao ver o sobrinho deixar o recinto, Marília trocou olhares com os filhos. Eles haviam combinado de saírem juntos para verem alguns imóveis à venda pela região e, tendo os problemas domésticos resolvidos, deixaram o local.

A tarde passou rapidamente. Quando voltaram a casa, os três estavam animados. Ao vê-los em uma conversa animada, Olga foi ter com eles:

— Vendo vocês assim, dá pra adivinhar que já encontraram uma casa para morarem.

— Achamos uma linda casa em Moema do jeito que queríamos. Já pedi ao corretor para efetuar o contrato de compra e venda. Segunda-feira, fecharemos o negócio, e faço questão de levá-la para conhecer a casa.

Marília respondeu, fazendo a irmã lhe dar um abraço apertado, e disse em seguida:

— Fico feliz por vocês e triste por mim, pois, se dependesse de mim, vocês morariam aqui pelo resto da vida.

— Não fique assim, tia. Veja o lado bom. Agora, a senhora tem onde almoçar aos domingos! — respondeu César, no intuito de animá-la.

— A recíproca, caro sobrinho, é verdadeira!

Todos riram prazerosamente, o que mudou um pouco o astral conturbado daquele lar, fazendo todos os seus moradores sentirem um pouco de paz pelas horas que se seguiram.

Passava das nove horas da noite, quando Beth chegou à Rua Augusta. O movimento ainda estava fraco, e ela teria tempo para tomar uma cerveja com a amiga. Com esse intuito, Beth pôs-se a procurá-la, porém não a encontrou em lugar algum. Ao ver Amanda encostada em um muro e de olho no movimento da rua, foi ter com ela:

— Você viu a Telma por aí?

Amanda olhou a colega de cima a baixo, antes de responder:

— Em primeiro lugar, boa noite, pois pode ter certeza de que não dormi com você, meu bem! Em segundo lugar, apesar de eu gostar de Telma, o que não posso dizer o mesmo a seu respeito, não tenho a mínima ideia de onde ela esteja.

Beth irritou-se. Não gostava da colega de profissão, que sempre fazia de tudo para tirá-la do sério, e, não querendo ficar por baixo, pôs a mão na cintura ao responder:

— Escute aqui, queridinha, que nós não dormimos juntas, isso eu sei, pois nunca dormiria com uma cobra venenosa como você! Amanda já ia revidar a ofensa, quando um homem com pinta de policial interrompeu a conversa das duas:

— Por favor, eu gostaria de saber se vocês conhecem a Telma.

Foi Beth quem quebrou o clima de silêncio que se instalara entre as duas, após medir o homem de cima a baixo:

— Por quê?

— Vocês a conhecem ou não?

As duas trocaram olhares significativos, pois não estavam gostando daquela abordagem. Como ambas conheciam bem a rua, perceberam que aquele homem não estava à procura de diversão. Na certa, Telma se metera em alguma enrascada, e foi Beth quem decidiu questioná-lo para acabar de vez com aquele suspense:

— Depende! Quem é você?

O rapaz abriu a carteira, mostrou o distintivo policial e respondeu:

— Meu nome é Paulo. Sou investigador. Respondam, conhecem ou não?

Beth sentiu suas pernas bambearem. Não gostava de policiais, e aquela abordagem não estava cheirando-lhe bem. Ao vê-la sem reação e temendo a presença do policial, Amanda tomou a frente da conversa dizendo:

— Nós a conhecemos. Somos amigas dela, mas vou lhe adiantando que não sabemos onde ela mora e por aqui Telma não passou hoje.

— Eu sei onde ela mora e aqui ela não poderá passar nunca mais. A amiga de vocês foi assassinada na madrugada passada, por isso quero que me falem tudo o que sabem sobre ela.

Beth segurou-se em Amanda para não cair. A imagem de Telma veio-lhe à mente, fazendo-a entrar em uma crise de choro. O investigador tirou um lenço do bolso e ofereceu à moça, que, sem cerimônia, o pegou para enxugar as lágrimas.

Após alguns minutos, que Paulo esperara pacientemente passar no intuito de vê-las se recomporem, Beth perguntou atônita:

— O que aconteceu com ela? O senhor pode nos dizer? — Telma foi encontrada morta em sua casa. Tudo indica que morreu asfixiada. O assassino usou um fio de cobre para enforcá-la. Por enquanto, é o que sei. Agora, me responda: qual é o seu nome? Preciso também que me diga tudo o que sabe sobre Telma.

Beth pôs-se a falar o que sabia, enquanto o investigador anotava tudo em sua caderneta. Quando a moça terminou, foi a vez de Amanda falar. Paulo ouvia a tudo atentamente. No final, considerou:

— Era o que eu imaginava. Tudo o que vocês sabem sobre ela é superficial. Bem, vale lembrar que estão sob investigação policial e que devem tomar cuidado, pois há um assassino à solta e não sabemos se se trata de um psicopata, por isso pensem bem antes de entrarem em um carro, mocinhas. Agora, tenho que ir.

O policial já estava de saída, quando Beth, mais refeita, o interpelou:

— Onde está o corpo de Telma? Como eu lhe disse, ela não tinha família. Vou reunir as meninas para dar-lhe um enterro digno.

— O corpo foi levado ao Instituto Médico Legal. Você pode ir até lá. Terá que preencher uma ficha para se responsabilizar pelo enterro. Falo isso, porque sei que vocês não querem se expor.

— Não se preocupe com isso. Darei um jeito. Obrigada!

Paulo deixou as duas para interrogar outras garotas. Ao ver-se a sós com Amanda, Beth comentou:

— Sei que sua família sabe o que você faz, por isso você preencherá os papéis para o velório e o enterro de Telma. Venha! Vamos levantar o dinheiro com as outras meninas.

As duas saíram e logo conseguiram arrecadar uma quantia suficiente para proporcionar a Telma um último adeus digno. Todas as garotas foram solidárias, mas nenhuma quis ir ao velório ou ao enterro com medo de escândalos, pois certamente a imprensa estaria lá para divulgar o fato.

As duas foram ao Instituto Médico Legal e depois seguiram para uma funerária próxima, onde escolheram um caixão simples, compraram flores e uma singela coroa com os seguintes dizeres: "Saudades de suas amigas". Após os preparativos, combinaram com os funcionários que, assim que o corpo estivesse arrumado no caixão, ele fosse levado direto para o cemitério, sem velório.

Já estava amanhecendo, quando elas voltaram ao Instituto Médico Legal e tiveram autorização para entrar na sala onde o corpo de Telma estava sendo preparado para o enterro. Ao se aproximar do corpo inerte, Beth chorou, deixando extravasar a tristeza e a dor de perder sua única amiga no meio da prostituição. Pensou em fazer uma oração e pedir para Deus levar a alma daquela pobre coitada, que, sem ter outra opção, entrou para a prostituição, mas acabou desistindo de rezar. Afinal, se havia um Deus, este sabia o que se passava no íntimo de cada um de seus filhos e, com toda a certeza, a receberia de braços abertos.

— Beth, vamos embora, não há mais nada o que possamos fazer por Telma — comentou Amanda, preocupada com o tardar das horas e com a possível chegada de repórteres no local. Ela tirou Beth de suas indagações íntimas, que se deixou levar pela moça, conseguindo, assim, sair anonimamente daquelas paredes tristes e frias.

Pedro acordou cedo, olhou para o despertador na cabeceira da cama e levantou-se. Era domingo, e, embora ele não tivesse que ir para o trabalho, precisava seguir seu ritual, como fazia em todas as suas folgas, pois era metódico e detestava quando algo saía de sua rotina. Seguindo seu protocolo particular, foi ao banheiro, onde fez sua higiene íntima, colocou uma bermuda e uma camisa, e em seguida foi direto para a padaria e comprou pães frescos. Ao passar pela banca de jornal, cumprimentou o jornaleiro e adquiriu o jornal local. Em poucos minutos, estava de volta ao lar e foi à cozinha para preparar o café da manhã. Beth, que conseguira chegar em casa minutos antes de o irmão acordar, levantou-se ao sentir o cheiro gostoso do café que invadira seu quarto e foi para a cozinha.

— Bom dia, Pedro. Deixe que eu termino de preparar o café. Sente-se para conversarmos um pouco.

Pedro sentou-se, pegou o exemplar do jornal e pôs-se a ler. Beth, em poucos minutos, pôs o leite para ferver e colocou tudo na mesa. Serviu o irmão com carinho e, em seguida, pegou uma xícara com o líquido fumegante, sentando-se ao lado de Pedro. Ficou observando a fisionomia do irmão, que, ao abrir o caderno na página policial, leu a notícia principal e, com ar de indignação, comentou:

— Esse mundo está indo de mal a pior. Mataram uma prostituta. Seu corpo foi encontrado estrangulado.

Beth pegou o jornal e pôs-se a ler: "A prostituta Telma dos Santos foi encontrada morta em sua casa, em Itaquera. A polícia está investigando, mas ainda não há suspeitos. Uma testemunha, que não quis se identificar, afirma que a moça estava com um de seus clientes e que ele desejava que ela saísse daquela vida. A polícia ainda não sabe de quem se trata. Telma tinha 25 anos de idade e oferecia seu corpo num semáforo da Rua Augusta".

Beth parou de ler. Aquela notícia era sensacionalista, e ela sentiu vontade de vomitar. No entanto, precisava demonstrar indiferença diante do irmão e, procurando ocultar o que se passava em seu íntimo, comentou:

— Esses jornais adoram explorar a infelicidade dos outros.

— Parece que você ficou triste. Por acaso conheceu essa moça?

Beth empalideceu e, tentando esconder o desconforto que sentiu com a pergunta, desconversou:

— Ora, Pedro! Como eu poderia conhecê-la? Moramos em bairros extremos, e, acredite, ela não fazia parte do meu *hall* de amizades.

— Disso eu sei, mas talvez essa moça estudasse na mesma faculdade que você. Afinal, muitas garotas de programa fazem faculdade e levam uma vida em sociedade acima de qualquer suspeita.

— Concordo, mas posso lhe garantir que nunca vi essa pobre coitada. Simplesmente, me comovi com essa história.

Pedro mudou de assunto, o que foi bem recebido por Beth, que tentou terminar seu desjejum em paz.

Júlia acordou animada. Ao ver que o marido já havia se levantado, foi até a cozinha. Durante a semana, quase não fazia a refeição matinal ao lado do marido, que saía para o trabalho antes que ela pudesse se levantar da cama. Ao ver a empregada, certificou-se de que a mesa estava posta com esmero, do jeito que gostava que Adalberto fosse servido, e em seguida voltou ao quarto, onde encontrou o marido de banho tomado, cheirando à lavanda de boa qualidade. Com um sorriso nos lábios, comentou:

— Maria está pondo a mesa para o café. Ao menos hoje, posso contar com sua presença ao meu lado no desjejum? Adalberto pensou em lhe dar uma desculpa e sair, mas desistiu. Não estava com vontade de começar uma discussão interminável com a esposa e, com ar de poucos amigos, a seguiu até a copa.

Após servir os patrões, a empregada os deixou, entregando o jornal para Adalberto. Enquanto tomava um suco de laranja, ele começou a folheá-lo e logo leu a notícia sobre a morte de Telma. Adalberto sentiu uma leve tontura, e Júlia, ao notar a atitude estranha do marido ao fechar rapidamente o caderno e colocá-lo de lado, questionou:

— O que houve? Alguma notícia desagradável?

— Não! Só estou sem vontade de ler. Agora, se me der licença, tenho alguns compromissos.

Adalberto deixou a copa atônito. Precisava respirar um pouco longe de sua casa e, após pedir para o motorista tirar o carro da garagem, saiu em seguida. Júlia, ao ver o marido se afastar, pegou o jornal que ele havia dispensado de lado e o abriu: "Prostituta é assassinada. As suspeitas recaem sobre um provável amante da moça".

Júlia leu toda a reportagem, sentindo certo prazer pelo que acontecera àquela estranha, e ficou tão absorta na matéria que se esqueceu do marido.

Olga estava feliz. Conseguira reunir toda a família para o café da manhã, que transcorreu com alegria. Quando todos foram para a sala, a conversa continuou em torno da casa que Marília comprara, o que fez Mário dar palpites sobre a decoração do ambiente. Palpites que foram recebidos com singular atenção pela tia, que já conhecia o gosto apurado do sobrinho.

De repente, a campainha soou, e Olga correu para a porta. Era Luiz, que, após dar um beijo na face da senhora, entrou no recinto. — Chegou quem faltava! — comentou Mário ao ver o amigo, tratando logo de apresentá-lo a seus primos e sua tia, que simpatizara com o jovem.

Em poucos minutos, Luiz já estava às voltas com os assuntos da família.

— Você leu os jornais de hoje, Luiz? — questionou Mário, quando o assunto que estava em pauta havia se encerrado.

— Não! Por quê?

— Mataram uma garota de programa. Há várias suspeitas. Entre elas, acredita-se que possa se tratar de um *serial killer*. O que você acha?

Luiz pensou um pouco e em seguida respondeu:

— A prostituição existe desde que o mundo é mundo e sempre foi um assunto polêmico e complexo. Ao longo da história já apareceram vários assassinos de prostitutas. Se por um lado elas não agem corretamente, vendendo o corpo que Deus lhes deu para outros fins, por outro, elas também estão em um momento de aprendizado.

— Não o estou entendendo. Elas estão em fase de aprendizado? A que tipo de aprendizado você se refere? — questionou Marília, não compreendendo o raciocínio do jovem.

— Aprendizado espiritual, dona Marília. Todos nós somos espíritos milenares, mas muitos de nós ainda estão ligados aos prazeres da carne e ao materialismo. Essas moças, que vendem seus corpos para benefício próprio, usando a beleza que Deus lhes deu, acreditam que só podem ganhar dinheiro dessa maneira, o que não é verdade. Deus não desampara ninguém. O universo flui para qualquer um que se conecte a ele de acordo com suas leis. Essas moças, no entanto, ainda não aprenderam isso. Há um tempo para tudo.

— Mas isso nunca irá acabar, pois, para uma que consegue sair dessa vida, há três que entram. Além do mais, se elas se prostituem é porque existem homens que as procuram para isso.

— Concordo com a senhora — interpelou Mário, fazendo todos os presentes o ouvirem atentamente antes de prosseguir: — Estamos em um planeta de provas e expiações, onde aprendemos, em cada encarnação, um pouco mais com nossos erros, nos tornando, consequentemente, cada vez melhores. E, com isso, todos nós crescemos. Nesse meio tempo, temos desejos latentes em nosso espírito e é lógico que acabamos expressando-os, pois só assim aprendemos a dominá-los. Ninguém muda uma atitude ou um vício se estes não vêm à tona para serem expulsos. É por esse motivo que sempre haverá homens querendo saciar seus instintos, procurando garotas de programa que realizem esses desejos.

Mário calou-se. Fábio, entediado com a conversa, levantou-se dizendo:

— Bem, o papo está bom, mas está muito "cabeça" para meu pequeno ser. Vou dar uma volta. Alguém quer me acompanhar?

César e Clara levantaram-se e, após se despedirem de Luiz, saíram com o primo. Olga aproveitou o ensejo e foi preparar o almoço, deixando a irmã e o filho conversando com o visitante. Marília, ao vê-la se afastar, perguntou ao rapaz:

— Você acredita em reencarnação? O que o levou a formar essa opinião?

Luiz olhou para Mário, que sorriu ao amigo, dando-lhe incentivo para falar sobre o assunto:

— Bem, dona Marília, eu sou muito observador. Sempre busquei explicações lógicas sobre a origem da vida e de Deus. Se a senhora tiver a oportunidade de ler as obras de Allan Kardec e outros estudiosos, não lhe restará a menor dúvida sobre o assunto. Além disso, os espíritos nos dão essa prova a cada dia. A própria vida, se bem observada, nos garante isso. É só prestar atenção no ciclo da natureza. E acredite que não estamos à parte.

— Eu e Luiz fazemos parte de um grupo de estudo sobre esses assuntos. Se a senhora prometer não contar nada à minha mãe, eu a levo na próxima reunião — comentou Mário, falando baixo, fazendo a tia lhe responder no mesmo tom de voz:

— Eu prometo!

— Ótimo! Depois continuamos.

Luiz levantou-se, pois já estava ali há bastante tempo. Ele olhou para Mário, dizendo:

— Bem, agora vou andando. Já falei demais para um dia só.

Marília despediu-se do rapaz, que, antes de sair, foi à cozinha dar um abraço em Olga, a quem aprendera a gostar ao longo dos anos de amizade com Mário. Em seguida, Luiz deixou a casa para tristeza de Marília, que ansiava por conhecer melhor sobre os assuntos espirituais.

Capítulo **3**

Passava do meio-dia, quando Clara chegou da faculdade e encontrou a mãe sentada no sofá da sala. A moça já ia passar direto, quando Marília, ao ver o jeito arredio da filha, a chamou para uma conversa. — O que houve? — questionou Clara com ar de poucos amigos.

— Nada! Eu só queria saber como andam seus estudos, se você já fez novas amizades, essas coisas que qualquer mãe quer saber a respeito dos filhos. Por quê? Não posso?

— Pode. É que a senhora nunca se preocupou comigo. Não sei por que isso agora.

— Não seja injusta, Clara. Você e seu irmão são tudo o que tenho neste mundo. E eu me interesso pela vida de vocês, sim!

— Pela vida de César, eu concordo, mas pela minha, eu duvido!

Marília suspirou fundo e pensou em não responder, para evitar uma discussão com a filha, mas por fim decidiu dar um basta àquela situação. E, olhando bem nos olhos de Clara, respondeu com um tom de voz firme:

— Escute aqui, mocinha, chegou a hora de termos uma conversa definitiva! Não aguento mais seus ataques injustos.

— Injusta foi a senhora, que largou meu pai para se aventurar. Foi injusta e egoísta, pois não deu a mínima para meus sentimentos. A senhora não tem noção do quanto sinto a falta de meu pai. Por sua culpa, ele não faz parte da minha vida.

Marília irritou-se ainda mais com as acusações da filha e lhe respondeu furiosa:

— Será, Clara, que foi por minha culpa mesmo? Você sempre teve seu pai como um herói, mas sinto lhe informar que de herói ele não tinha nada. Vivia me traindo, me batendo e quase nunca se lembrava que tinha dois filhos. E se ele não procurou vocês foi porque não quis. Seu pai tinha o endereço e o telefone de toda a minha família, incluindo o de Olga, que nos deu abrigo quando viemos do Rio. Se ele nunca ligou para cá foi porque não quis, porque ele preferia qualquer mulher de rua a mim e a vocês. Essa é a realidade, sua mal-agradecida. Você me chama de egoísta, mas e você? O que fazia com Afonso? Vivia maltratando-o. Qualquer coisa que ele lhe dissesse já era motivo para jogar na cara dele que ele não era seu pai. Você não sabe, mas, todas as vezes em que você dizia isso, ele se trancava no quarto e passava horas chorando. E agora, quem é a injusta nesta história? Saiba que foi Afonso quem lhe deu casa, comida, roupas caras e estudo. Até hoje, se você tem o privilégio de estudar em uma boa faculdade, isso só é possível graças a ele, pois é com o dinheiro dele que eu pago as mensalidades. Portanto, daqui pra frente, lave a boca para falar de mim ou de Afonso.

Olga entrou na sala correndo, atraída pelos gritos da irmã. Clara pôs-se a chorar, fazendo a tia a pegar pelo braço e conduzi-la ao quarto.

Após tentar tranquilizar Clara, Olga voltou à sala, encontrando a irmã andando de um lado a outro. Ela foi logo dizendo:

— O que foi isso, Marília? Nunca a vi assim. Acalme-se!

— Clara consegue me tirar do sério!

Olga procurou aconselhar a irmã e, após se certificar de que Marília estava totalmente calma, voltou para seus afazeres, deixando-a às voltas com seus pensamentos.

Os dias que se seguiram foram de correria para Marília, que, às voltas com a mudança para sua nova casa, evitou contato com a filha.

Depois da morte da amiga, Beth andava cabisbaixa e não sentia vontade de voltar às ruas. Além de sentir a falta de Telma, a apreensão de entrar nos carros dos homens que a procuravam a fazia ficar mais temerosa.

A noite estava quente, quando finalmente Beth chegou ao seu local de trabalho. Encontrando uma jovem desconhecida em seu ponto, Beth foi ter com ela.

— Hei, posso saber o que faz aqui?

A jovem a mediu de cima a baixo e, temendo a reação da outra, comentou:

— Desculpe, eu não sabia que este ponto tinha dona.

Beth olhou atentamente para a jovem, que aparentava ser menor de idade. A garota usava um *short* cavado, que deixava suas pernas e coxas em destaque, e um top preto que mal cobria seus seios. Após dar mais uma olhada, respondeu:

— Tem sim, mas posso saber o que uma fedelha como você está fazendo na rua a esta hora e com essa roupa?

— O mesmo que você! Trabalhando!

Beth deu uma gargalhada, questionando em seguida:

— Quantos anos você tem, garota, e qual é o seu nome?

— Meu nome é Sara e tenho dezoito anos.

— Seu nome verdadeiro é esse mesmo ou é nome de guerra?

— O que é nome de guerra?

— Era só o que me faltava acontecer hoje. Nome de guerra é um nome fantasia, usado só para o nosso trabalho. Quer um conselho, garota? Vá para casa dormir. Isso não é vida para ninguém. Além do mais, tem um assassino à solta por aí.

— Não posso! — respondeu a jovem naturalmente.

— Não pode? Mas por quê? Você não tem casa?

— Tenho sim.

— Não estou entendendo. Você não tem dinheiro para a condução de volta? Eu lhe arrumo. Sua mãe deve estar preocupada com você!

— Minha mãe não está preocupada comigo. Ela sabe que eu estou aqui, pois foi ela quem me mandou vir!

Beth abriu a boca, ficando assim por um bom tempo. Ela procurou articular as palavras, mas não as encontrou, então soltou o que lhe veio à mente:

— Bem... eu... não sei o que lhe dizer. Olha, faça o que quiser, Sara. Só não fique junto de mim, pois poderei ter problemas com a polícia.

Beth olhou para os lados. Precisava fazer algo por aquela menina, que, sem experiência nenhuma, poderia arrumar grandes problemas para sua vida. Após remexer a bolsa, tirou alguns preservativos e os entregou para ela dizendo:

— Pelo jeito, você não deve ter nenhum no bolso. Pegue e faça seu parceiro usar. Não tenha relações sem preservativos, nem que o cliente lhe ofereça o dobro para não usar, entendeu? Cuide de sua saúde, pois não há dinheiro que pague por isso. Agora, vou dar uma volta. Boa sorte!

Sara agradeceu à nova amiga com um sorriso. Beth decidiu tomar um suco para tentar colocar as ideias em ordem. No caminho, encontrou Amanda, que a viu conversando com a jovem e que, para provocá-la, se postou à sua frente dizendo:

— Nossa! Não sabia que você resolveu ampliar os negócios e se tornou cafetina das novatas.

Beth respirou fundo e, controlando o ímpeto de esbofetear a colega, a pegou pelo braço e a levou para dentro do bar, onde a fez sentar-se.

— Olhe, Amanda, não estou a fim de brigar com você, portanto, guarde seu veneno. As coisas não andam bem para nós, então, devemos nos unir.

Amanda fez uma expressão de desagrado e respondeu:

— Queridinha, não sou nem serei sua melhor amiga! E acho que você está paranoica! Sim, porque, inclusive, você está se aliando às concorrentes novatas.

Beth balançou a cabeça negativamente, pensando: "Não estou ouvindo isso". E, após alguns minutos de pausa, respondeu calmamente:

— Fofa, em primeiro lugar, não estou apoiando as novatas! Pelo contrário! Eu estava justamente tentando fazer aquela garota voltar para casa, mas foi em vão, pois a própria mãe da jovem a obrigou a se prostituir. Até agora, estou pasmada com essa história, mas infelizmente não posso fazer nada. Em segundo lugar, não estou querendo ser sua melhor amiga. Só acho que devamos nos unir.

Amanda levantou-se. Precisava faturar e ficar de lenga-lenga com aquela "zinha" não a levaria a lugar nenhum.

— Está bem! Vou pensar no seu caso, enquanto consigo alguns clientes. Amanhã nos falamos.

Beth deu um tchau seco a Amanda, que, após ajeitar a minissaia, saiu, deixando-a perdida em seus pensamentos.

Sara estava encostada em um poste. Aquela era sua primeira noite no ramo. Por segundos, teve ímpetos de ir embora, mas desistiu, lembrando-se do diálogo que tivera com a mãe horas antes:

"Sara, não temos nada para comer. Seus irmãos estão com a barriga vazia. Você terá que arrumar dinheiro.

"Estou tentando arrumar emprego, mãe, mas não consigo nada.

"Não estou falando em emprego, estou falando de ganhar dinheiro. Vá vender seu corpo. É melhor conseguir algum dinheiro com ele agora do que entregar a um miserável de graça amanhã!

"Eu... Eu não quero me prostituir!"

A mãe de Sara irritou-se, olhou para ela e disse em tom sério:

"Olha, Sara. Não estou pedindo, estou mandando. Você vai se arrumar e vai para esse lugar..."

Sara ouvia a tudo atentamente. Quando a mãe acabou de falar, ela foi se arrumar e saiu de casa sem olhar para trás.

A moça saiu de suas lembranças, ao ouvir o chamado de um homem que estava em um belo automóvel importado.

— Oi, gatão! Tá a fim de quê?

O homem, aparentando ter uns cinquenta anos, olhou-a melhor e viu que realmente se tratava de uma bela jovem. Com um sorriso malicioso, respondeu:

— Entre aqui, que eu lhe direi do que estou a fim. Não se preocupe que pagarei bem pelo serviço.

A jovem tremia, mas acabou entrando no veículo. Após ouvir a proposta de seu primeiro cliente, foi para sua primeira noite na difícil vida da prostituição, sem saber que assinava ali seu contrato com a dor e o sofrimento.

Capítulo **4**

Marília estava ansiosa. Havia combinado com Mário de ir à reunião na casa de Luiz. Ela arrumou-se de forma simples, mas elegante.

Olga, ao ver a irmã bem-vestida para sair à noite, questionou:

— Não me diga que resolveu ir à balada!

Marília riu prazerosamente com a expressão da irmã.

— Não, Olga! Eu não tenho mais idade para ir à "balada". É que me deu vontade de ir à missa. Não a convido porque sei que você não gosta.

— Sabe que não tenho religião. Acredito em Deus e só.

Mário aproximou-se das duas, dizendo:

— Eu ouvi alguém dizendo que vai à missa. Estou de saída. Se quiserem, as levo à igreja.

— Eu, não! Leve sua tia. Quem vai rezar é ela!

— Bom! Então vamos, tia. Será um prazer levá-la para se religar a Deus.

Mário beijou a mãe e saiu de braços dados com a tia, que esperou que ambos estivessem dentro do veículo, já com o cinto de segurança, para comentar:

— Não gosto de mentiras, mas conheço sua mãe. Se ela descobrir aonde e o que vamos fazer, nos excomungará!

— Eu também não gosto de mentir. Acredito que a verdade, por mais que doa, é sempre a verdade. Mas neste caso, tia, a senhora está de mudança. Essa será a primeira e última vez que mentirá a esse respeito. E eu saio e não tenho o hábito de dizer para onde vou, dessa forma, não estarei mentindo. Só não quero criar atritos com minha mãe. Espero que logo ela passe a compreender a espiritualidade e frequente as reuniões conosco. Algo me diz que isso não vai demorar a acontecer.

Os dois continuaram conversando animadamente até que Mário parou em frente a uma casa de aspecto simples, mas graciosa. O rapaz conduziu a tia à porta de entrada, e ambos foram recebidos com alegria por Luiz.

Na sala, havia uma mesa com algumas cadeiras, onde três jovens já estavam ocupando seus lugares. Mário ofereceu uma cadeira a Marília e sentou-se a seu lado, pedindo:

— Procure pensar em coisas construtivas. Firme seu pensamento em Deus.

Marília fez um sinal positivo com a cabeça.

Todos estavam em silêncio. Em pouco tempo, os outros assentos foram ocupados pelos médiuns que chegavam. Luiz olhou para o relógio. Eram oito horas em ponto. Ele, então, se sentou e fez uma sentida prece, pedindo a Deus a proteção dos espíritos de luz.

As luzes da casa foram apagadas, permanecendo no fundo uma pequena luz azul que transmitia paz e harmonia ao ambiente. Luiz pediu para Mário ler um trecho do evangelho, e o rapaz o fez prazerosamente. E quando Mário terminou, Luiz fez uma pequena observação sobre o assunto, calando-se em seguida. Um dos médiuns remexeu-se na cadeira. Luiz levantou-se e colocou a mão na testa da moça, dizendo:

— Boa noite! Diga-nos o que a aflige.

A médium remexeu-se mais uma vez na cadeira e, com voz lacrimosa, respondeu:

— Eu vim aqui, porque preciso do perdão dela. Minha consciência me acusa. Ela precisa me perdoar. Eu a fiz sofrer injustamente.

Ao ver o sofrimento daquele espírito, Luiz procurou tranquilizá-lo.

— Acalme-se! Desse jeito, você não conseguirá se reequilibrar. Olhe para você, está doente. Acompanhe a moça que está ao seu lado, melhore e aprenda a viver no mundo espiritual. Tenho certeza de que irá se beneficiar.

— Não quero, não mereço! Fiz Marília sofrer, acabei com sua vida e pago por isso.

A médium deu um longo suspiro, e Mário pôde ver o espírito sendo afastado pelos mentores da casa, que, vendo a perturbação mental da mulher, a tiraram de perto da médium. Outros espíritos também se comunicaram por meio dos médiuns. Marília, ao ouvir seu nome sendo pronunciado, não conseguiu prestar atenção em mais nada. No final do trabalho, Luiz aplicou passes em todos do local, incluindo Marília, que se sentiu refeita com a energia recebida.

Mário fez sua prece de agradecimento, e as luzes foram acesas, terminando, assim, mais uma noite de trabalho salutar.

Marília sentiu-se bem, apesar do que ouvira a seu respeito. Mário chamou-a para irem embora, mas ela decidiu esperar Luiz, que estava se despedindo dos amigos. Depois disso, Luiz voltou-se para Marília, dizendo:

— Não fique impressionada com o que ouviu. Deus sabe o que faz e, no momento certo, saberá o que esse espírito quis lhe dizer.

Marília sorriu. O rapaz estava lendo seus pensamentos. Ela comentou:

— Engraçado. Confesso-lhe que vim aqui para saber de Afonso. Nunca imaginei que receberia um pedido de perdão de um espírito que não conheço e, sabe lá Deus, por quê!

— Sinto lhe informar que aqui não temos uma linha direta com o Além, em que falamos com quem desejamos. As pessoas, muitas vezes, procuram nossas reuniões no intuito de poder falar com seus entes queridos, mas muitas vezes se frustram. A linha direta é de lá para cá. Os mentores de nossa casa trabalham para o bem comum, nos dando apenas as oportunidades necessárias ao nosso aprendizado e amadurecimento, não para nos satisfazer. Tenho certeza de que, na hora certa, terá notícias de seu marido. Confie!

— Eu confio.

Marília abraçou Luiz carinhosamente. Mário também se despediu do amigo. No caminho de volta, permaneceram em silêncio, pensando nos acontecimentos daquela noite.

Marília acordou disposta, arrumou-se e foi para a sala encontrar-se com César, para levarem as malas para o carro. Olga chorou ao ver a irmã, que lhe abria os braços para um abraço. As duas ficaram agarradas por um longo tempo. Após beijar o rosto da irmã, Marília disse comovida:

— Obrigada por tudo. Você é maravilhosa, e eu a amo muito! Agora pare de chorar, afinal de contas estou viva e irei morar em um bairro próximo. Poderemos nos ver todos os dias.

— Eu também a amo muito. Por mim, vocês não sairiam desta casa, mas sei que precisam de um lar onde possam ter total privacidade. Então, seja feliz em sua nova casa e, sempre que precisar, saiba que pode contar comigo.

— Eu sei, minha irmã!

Marília abraçou Olga novamente e juntas foram para a área externa da casa. Olga beijou os sobrinhos, antes de os ver entrar no automóvel.

— Hei, coroa, não fique triste! A tia só está a alguns minutos daqui — comentou Fábio, que carinhosamente levou a mãe para dentro da casa, enchendo-a de beijos e fazendo-a parar de chorar.

⁓⁕⁓

Sara chegou animada ao seu local de trabalho. Estava naquela vida havia mais de uma semana e já estava fazendo amizades e inimizades. Com o dinheiro dos programas, estava ajudando em casa e proporcionando uma vida melhor para sua família. Com o que sobrava, comprava roupas e acessórios que realçavam ainda mais sua beleza.

A jovem estava andando, quando viu Beth conversando com Amanda e outra moça. Decidindo participar da conversa, foi ter com elas:

— Boa noite, meninas! Como andam as coisas?

Amanda e as outras garotas de programa retribuíram os cumprimentos e saíram. Ao ver-se a sós com a jovem, Beth comentou:

— Você ainda vai arrumar encrenca por aqui, garota!

— Não sei o porquê disso. Não fiz nada. Suas amigas é que são mal-educadas.

— Elas não são mal-educadas...

Beth fez uma pausa, pois pensou melhor em sua afirmação, e decidiu voltar atrás, obtemperando:

— Quero dizer... elas são mal-educadas, mas não no seu caso. Muitas de nós, inclusive eu, não queremos encrenca com a polícia... e ter você por perto é "chave de cadeia". Você diz ser maior de idade, mas nós temos nossas dúvidas. Então, o melhor que tem a fazer é ficar longe da gente, entendeu?

— Entendi! Eu só queria lhe agradecer pelos preservativos e pela conversa daquele dia.

Beth olhou à sua volta e viu a figura já conhecida do detetive Paulo se aproximando. Voltou-se para a garota, dizendo afoita:

— Saia daqui rapidamente! Vem vindo um policial! Se mande!

Sara não pensou duas vezes e, em poucos segundos, deixou o local. Ao se aproximar de Beth, Paulo a cumprimentou cordialmente, perguntando em seguida:

— Quem era aquela jovem que estava conversando com você? Nunca a vi por aqui. E o pior é que parece ser menor de idade! Beth passou a mão pelos cabelos num gesto sensual, antes de responder:

— Não sei. Ela veio me perguntar onde fica a Rua da Consolação. Pelo visto, está perdida, coitada!

Paulo balançou a cabeça. Embora não tenha acreditado na resposta de Beth, resolveu deixar para lá, pois tinha algo mais importante a investigar. Ele tirou rapidamente uma fotografia do bolso e mostrou para Beth, questionando:

— Por acaso conhece essa moça?

Beth olhou atentamente para a fotografia e tornou:

— Essa moça não me é estranha. Acho que a conheço de vista, mas é só. Por quê?

— Ela foi morta nessa madrugada com os mesmos requintes de crueldade que Telma. Estamos achando que esse crime tem ligação com o outro. Estou lhe contando isso, porque amanhã cedo os jornais irão anunciar o caso aos quatro cantos do país. Estamos realmente acreditando na hipótese de ser tratar de um *serial killer* de prostitutas, por isso, eu a aconselho a parar de fazer programas, mocinha!

Beth estremeceu com a notícia, mas, procurando manter uma postura forte, respondeu:

— Já deu seu recado! Se eu souber de alguma coisa, comunico à polícia.

Paulo esboçou um sorriso cínico. Em anos de profissão, era a primeira vez que pegava um caso tão complicado como aquele, em que, a qualquer momento, o assassino poderia fazer uma nova vítima, e aquela bela mulher, que insistia em tratá-lo com desdém, poderia ser a próxima.

Com esses pensamentos fervilhando em sua mente, Paulo deixou a jovem, que, ao vê-lo se afastar, soltou um forte suspiro, denunciando seu desgaste emocional.

Clara folheava uma revista de forma mecânica. Desde que brigara com a mãe, sentia-se triste e desanimada.

A jovem já ia se levantar, quando ouviu uma leve batida na porta. Era César, que, após se identificar e receber autorização para entrar no recinto, se postou diante da irmã. Clara, por sua vez, não queria conversa e foi logo dizendo:

— Não encontrei seu CD nas minhas coisas. Procure melhor no meio da sua bagunça.

— Não se preocupe, eu já o encontrei. Não é por causa do CD que vim até aqui.

— Se veio falar sobre mamãe, pode voltar ao seu quarto — interpelou Clara, convicta.

— Também não é sobre mamãe que vim falar, pois ela não precisa de advogados de defesa. É sobre você. Não acha que é hora de enterrar nosso pai biológico de uma vez por todas?

Clara largou a revista. Ela e César sempre se deram bem, mas a jovem não iria admitir que ele entrasse em seu quarto para lhe dizer o que deveria fazer com sua vida.

— Acho que está na hora de ressuscitá-lo! Isso sim! E quer saber, eu pedi para um amigo da faculdade, que tem parentes no Rio de Janeiro, para me ajudar a encontrá-lo. E quando isso acontecer, me mudarei para o Rio! Custe o que custar, farei isso.

César afastou-se um pouco da irmã no intuito de absorver melhor o que acabara de ouvir. Após alguns minutos de reflexão, disse calmamente:

— Está certo, Clara! Você tem todo o direito do mundo, quando diz querer rever seu pai. Mas preste muita atenção no que vou lhe dizer. Não magoe a mamãe com essa história. Que ela nem sonhe com o que você acabou de falar, pois já sofreu muito com tudo isso. E quanto a mim, não o conheço nem quero conhecê-lo. Portanto, nesse barco você entrará sozinha. E se der mais desgosto à mamãe, é comigo que você vai acertar as contas.

— Isso é uma ameaça?

— É e será cumprida! Gosto de você, a amo com toda a força do meu coração, mas não posso apoiá-la nessa sua obsessão doentia de conhecer um homem que nunca se preocupou conosco. Agora, vou deixá-la sozinha. Quem sabe, assim, você muda de ideia.

Deixando a irmã perdida em seus pensamentos, César saiu do quarto e foi direto à cozinha, atraído pelo cheiro gostoso dos temperos da mãe.

— Pelo cheiro, já posso parabenizá-la pelo jantar, pois está dando água na boca.

— Vindo de você, não sei se posso considerar um elogio — respondeu Marília, feliz com a presença do filho que tudo fazia para agradá-la.

— É que realmente tudo o que a senhora faz fica bom. Só acho que deveria contratar uma empregada. Não quero vê-la afundada nos serviços domésticos.

— Obrigada por se preocupar comigo, mas gosto de cuidar da casa. E depois, filho, tem a Ana, que vem fazer a faxina mais pesada uma vez por semana. Só ela já basta. Agora, vá se arrumar para o jantar. Convidei Mário e seu amigo Luiz para jantarem conosco.

César fez uma expressão indefinida ao comentar:

— A senhora gosta de conversar com Luiz, hein! Mas devo lhe confessar que acho ele estranho. Ele e Mário vivem sempre juntos. Às vezes, chego a desconfiar que os dois são gays!

Marília riu prazerosamente ao lembrar-se de uma conversa que tivera com a Olga, que, preocupada com a amizade do filho, chegara a desabafar com a irmã.

Marília, por sua vez, tratou de tirar aquela ideia estapafúrdia da mente de Olga, não por ser contra a um relacionamento homoafetivo, mas pelo fato de os dois serem somente bons amigos.

— Você parece a Olga falando!

— A tia também acha que os dois... que rola alguma coisa ali?— Você e sua tia têm a mente poluída! Mário e Luiz são muito amigos, e não passa disso. Seu primo é médium. Ele e Luiz fazem reuniões espíritas em sua casa. Como sua tia não sabe, ela vive pensando besteiras. Há um tempo, ela viu Luiz entregando um embrulho a Mário e ficou apavorada, achando que se tratava de drogas. Mas na verdade, eram apenas alguns livros de estudo mediúnico que Mário escondeu, para ela não saber o conteúdo do que ele estava lendo. Depois, Olga achou que os dois estavam de namoro. Cada hora, passava uma besteira pela mente dela e, pelo visto, pela sua também.

O rapaz ficou sem graça com a comparação feita pela mãe. Não era dado a mexericos, mas na faculdade já começava a ver alguns casais homossexuais trocando carícias discretas em público e, embora estivessem em 1995, o preconceito ainda era grande.

César, por fim, decidiu deixar a mãe preparar a refeição em paz, deu-lhe um beijo na testa e foi para seu quarto.

Às oito horas em ponto, Mário e o amigo tocaram a campainha da bela casa e foram recebidos com alegria por seus moradores. César e Clara fizeram sala para os rapazes, enquanto a mãe terminava de preparar a refeição que fora servida logo em seguida. O jantar estava apetitoso, o que rendeu elogios dos dois rapazes para Marília, que, ao término da refeição, serviu um delicioso café na sala de estar.

Querendo saber mais sobre a espiritualidade, César iniciou a conversa.

— Soube que vocês estudam a vida após a morte. Acho um tema interessante, porém fantasioso.

Mário trocou olhares com Luiz, que lhe respondeu:

— O que é fantasia ou realidade para você, meu amigo? Que parâmetro você usa para definir um ou outro? Somos seres eternos, assim como os mitológicos vampiros da Transilvânia e, como eles, precisamos de sangue para nos mantermos vivos na matéria, uma vez que, em nossa vestimenta carnal, o sangue é um elemento essencial e significa vida. Consegue entender aonde quero chegar com essa alusão?

— Sim, mas não consigo compreender onde entram os espíritos em nosso dia a dia. As pessoas dizem que falam com os espíritos, que os veem e que eles estão por toda a parte, então, por que não dão os resultados das loterias? Ou citarei esse caso que a mídia não para de falar... O caso do assassino da Rua Augusta. Não seria mais fácil os espíritos dizerem quem está cometendo tais crimes, ajudando, assim, a evitar outras mortes?

— Seria e aí está o lado fantasioso de que você comentou há pouco — interpelou Mário, que, após uma breve pausa, prosseguiu:

— Estamos encarnados no plano terrestre para passarmos por provas e expiações, em que a evolução de cada um se dá de acordo com suas experiências, cabendo à vida direcionar o que cada um deve passar, levando em consideração nossos pensamentos e nossas atitudes.

— Você está querendo dizer que a vida age de forma independente em nosso destino, de acordo com o que pensamos? — perguntou Marília, interessada no assunto, fazendo Clara, que aproveitou a deixa, pedir licença e sair alegando enxaqueca.

Luiz respondeu:

— Sim. São nossos pensamentos e atos que geram uma energia que se expande no universo, que, por sua vez, é movido pela lei de atração e vai nos devolver exatamente o que criamos. Por esse motivo, os espíritos esclarecidos não interferem em nosso livre-arbítrio.

E continuou:

— No caso da Rua Augusta, especificamente, estamos lidando com uma mente psicopática, que, por algum motivo ainda desconhecido, resolveu sair estrangulando mulheres que ganham a vida na prostituição e, com isso, está trazendo para a sociedade uma questão que sempre ficou à margem. Uma questão que é quase um tabu nas rodas sociais, com a qual ninguém quer se envolver. No entanto, estamos todos envolvidos nessa questão, mesmo que indiretamente, porque, embora a evolução seja individual, o somatório se expande para o coletivo — explicou Luiz, que, percebendo o adiantado das horas, se levantou, sendo seguido por Mário.

Ao vê-los fazendo menção de sair, César quebrou o clima de silêncio dizendo:

— Estou começando a me interessar pelos assuntos espirituais. Da próxima vez que minha mãe for à reunião de vocês, gostaria de acompanhá-la.

— Será um prazer. Tenho certeza de que, a partir de hoje, teremos mais um estudante das questões espirituais ao nosso lado — respondeu Luiz, dando um abraço no rapaz.

Marília se despediu dos rapazes, que deixaram um rastro de bons fluidos pela casa. O grupo, no entanto, não pôde notar a presença de Afonso, que, feliz, abençoou a todos, fazendo uma linda prece de agradecimento a Deus pela oportunidade de ver sua esposa e seu filho de coração no caminho da espiritualidade maior. Imediatamente depois, um aroma agradável de rosas invadiu o ambiente, deixando no ar um clima de amor e paz para aquele lar tão necessitado de compreensão.

Adalberto chegou em casa cedo, como há muito tempo não fazia. Olhou para Júlia, que estava lendo um romance, e conservou os olhos na esposa, tendo ímpetos de chamá-la para uma conversa definitiva, pois aquela união já estava insustentável devido às constantes brigas. Ele, no entanto, desistiu. Júlia era fraca demais para ouvir a verdade, e Adalberto era mais fraco ainda para dar um basta naquele relacionamento.

Júlia, ao ver o marido parado ali à sua frente e sem dizer nada, comentou:

— Não precisa virar uma estátua para ser notado, Adalberto. Vou pedir para Maria servir o jantar.

Ao ouvir a esposa pronunciar seu nome, Adalberto voltou a si. Foi para seu quarto, tomou um banho, trocou-se e desceu para o jantar, já encontrando Júlia à mesa. Sentou-se, serviu-se de salada e perguntou, tentando manter uma conversa agradável com a esposa:

— Você já conheceu os novos vizinhos?

— Já encontrei com Marília, hoje à tarde — respondeu a esposa, animada. — Aproveitei para lhe dar as boas-vindas. Pelo jeito, são novos ricos. Ela e os dois filhos vieram de Ribeirão Preto, depois que o marido faleceu de um infarto fulminante. Imagine você que ela estava lavando a calçada da casa! Eu me ofereci para ajudá-la a arrumar uma boa empregada. Qual não foi a minha surpresa quando ela me disse que não precisava de uma e que gostava de trabalhos domésticos? Vê-se que não tem berço, mas me pareceu uma boa pessoa. Eu a convidei para jantar amanhã conosco. Você poderá tirar suas próprias conclusões.

Após engolir o alimento, Adalberto comentou:

— Fez bem em convidá-la para um jantar. É sempre bom ter a companhia de bons vizinhos. Pelo seu relatório, já dá para perceber que se trata de uma boa pessoa.

— Já que você está de acordo, vê se não inventa nenhum compromisso para amanhã, pois marquei o jantar para as nove horas da noite. Tem alguma sugestão para o menu?

Adalberto esboçou um sorriso. Há tempos não conversava com a esposa sem brigar.

— Deixo a escolha do cardápio para você, mas acho que deveria ser algo simples, sem muita cerimônia, para não desconcertar a visita.

Os dois continuaram a conversa por um bom tempo. No final da noite, Adalberto estava calmo, sentindo uma paz de espírito que há muito deixara de ter.

Capítulo **5**

Pedro estava deitado no sofá da sala assistindo ao noticiário. Ao ver o irmão apático, Beth aproximou-se, sentou-se a seu lado e pôs-se a fazer carinho em sua cabeça. O rapaz esboçou um sorriso comentando em seguida:

— Só você para me fazer sentir bem!

— Não diga bobagens, mano! Sabe o que acho? Você precisa arrumar uma namorada. Sua vida é de casa para o trabalho e do trabalho para casa.

Pedro saiu da posição em que estava e, sentando-se ao lado da irmã, falou em tom pouco confiável, tentando disfarçar o nervosismo que o invadira com o comentário feito:

— Estou bem sem ninguém. Você sabe que não quero compromissos afetivos por enquanto. Além do mais, não tenho tempo para namoros.

— Mas, Pedro, você é jovem, bonito e, como todos os homens, deve ter desejos e sentimentos que precisam ser explorados e realizados.

— Lá vem você achando que uma mulher será a solução para todos os meus problemas!

— Não digo de todos, mas alguns... Um grande amor faz milagres!

— Só se for para você! Eu acompanhei de perto a vida conjugal de nossos pais e não quero o mesmo para mim.

— Você está baseando sua vida na dos nossos pais, e isso é errado. Não é porque mamãe e papai viviam brigando que acontecerá o mesmo com você. Vamos, meu irmão. Abra-se para a vida, permita-se amar e ser amado.

— Eu já lhe disse que não quero saber de ninguém!

Beth calou-se, pois conhecia o irmão e sabia que algo o incomodava quando ela tocava em assuntos sentimentais. Por isso, ela resolveu mudar de assunto.

— Hoje à noite vou sair. Tenho que fazer um trabalho da faculdade para amanhã. Eu e uma amiga faremos juntas. Vou jantar na casa dela e talvez durma por lá. Tudo bem?

— Sem problemas. Posso muito bem fazer o jantar e cuidar de papai, mas deixe o nome e o telefone dessa sua amiga, caso eu precise me comunicar com você.

Beth pegou papel e caneta. Após anotar o nome e o telefone, disse ao irmão:

— Aqui está! Se quiser, pode ligar para ela confirmando minha história.

Pedro respondeu em tom de deboche:

— Vou fazer isso mesmo, mocinha! Não confio em você!

Beth o abraçou com toda a sua força e, em seguida, foi cuidar de seus afazeres, deixando Pedro absorto em seus pensamentos.

Marília estava terminando de preparar o jantar, quando a campainha tocou. Ao atender a porta, viu que se tratava de uma bela jovem e abriu um singelo sorriso.

— Boa noite! Clara está? — perguntou a moça, gentilmente:

— Está sim! Você deve ser Beth. Meu nome é Marília, sou a mãe de Clara. Entre, por favor!

Marília levou Beth até a sala de visitas, indicando-lhe o sofá para que a moça ficasse mais à vontade.

— Você quer um café ou um suco?

— Não quero nada, dona Marília! Obrigada!

— Vou avisar Clara que está aqui. Fique à vontade — Marília deixou o local.

Ao ficar só, Beth pôs-se a observar a bela sala, que, além de ampla e espaçosa, estava decorada com um gosto requintado e pontuada de obras de artes, o que só confirmava o que Beth imaginava a respeito da amiga.

Quando chegou à sala, Clara recebeu Beth com alegria, e, após os cumprimentos, começaram uma longa conversa que só foi interrompida por Marília, que, depois de pedir licença às moças, comentou:

— O jantar está pronto. Quando sentirem fome, é só se servirem. A comida está no fogão. Peço-lhe desculpas, Beth, por não poder lhe dar atenção. Fui convidada para um jantar e não posso me atrasar, mas fique à vontade, a casa é sua.

— Não precisa se preocupar comigo!

— Me preocupo, sim. Se é amiga de minha filha, é minha também. Agora tenho que ir. Espero vê-la mais vezes aqui em casa. Foi um prazer conhecê-la.

— O prazer é todo meu! Obrigada!

Marília despediu-se das moças e saiu. Ao ver-se a sós com a amiga, Beth comentou:

— Sua mãe é muito simpática. Gostei dela!

— Minha mãe só é simpática quando lhe convém. Ela sempre tratou bem minhas amigas. Quem acaba passando por ruim sou eu.

— Você é muito armada em relação à sua mãe. Pelo jeito que ela fala com você, nota-se que a ama.

— Não disse? Até você está achando que eu sou a errada! Sei que minha mãe me ama, e eu também a amo, mas não temos um bom relacionamento. Agora, vamos mudar de assunto.

As duas passaram a conversar sobre outras coisas. O papo fluía animado. Clara contava à amiga sobre sua cidade, sua vida em Ribeirão e tudo o que passou até ali.

As estrelas brilhavam no céu, quando Marília entrou na casa da vizinha, sendo conduzida pela empregada até a sala de visitas. Lá, ela foi recebida alegremente por Júlia, que a apresentou a Adalberto.

Após cumprimentar Marília e ver que ela já estava confortavelmente sentada em uma poltrona, Adalberto, no intuito de saber um pouco mais sobre a vida da nova vizinha, comentou:

— Júlia me disse que a senhora é de Ribeirão Preto. Gosto muito daquela cidade. Passei boa parte da minha infância lá, pois meus pais tinham uma pequena fazenda de gado de corte em Ribeirão.

— Ribeirão é uma cidade maravilhosa, mas, na verdade, eu sou natural do Rio de Janeiro. Quando eu tinha vinte e três anos, vim para São Paulo e depois fui morar em Ribeirão, onde passei dezesseis anos ao lado de meu marido, que era fazendeiro.

— A vida na fazenda é muito mais tranquila. Tenho planos de comprar alguns alqueires no futuro e voltar a criar gado. Assim, me aposento ocupando a mente.

— Ainda tenho a fazenda, que é muito bonita. Quando fiquei viúva, não tive condições de continuar lidando com os negócios de meu marido e me desfiz de quase tudo. Apenas mantive as terras onde vivemos juntos e fomos felizes. Se quiser passar alguns dias lá com Júlia para descansarem, terei imenso prazer em ceder-lhes a casa.

Adalberto agradeceu o convite sem perceber que a esposa o olhava admirada, pois havia anos que não o via conversar com alguém de forma tão espontânea na sua frente e nunca imaginara que ele gostaria de voltar para o interior. A essa constatação, sentiu um aperto no peito, afinal o marido fazia planos para o futuro sem incluí-la, o que significava que outra ocuparia seu lugar nos planos de Adalberto.

Júlia ia comentar algo, quando Maria interrompeu a conversa para avisar que o jantar estava pronto. Os três, então, foram para a sala de jantar, onde a conversa continuou girando em torno de terras e gado. Marília mostrava-se culta e inteligente, sem deixar de ser simples, o que encantou o dono da casa.

Percebendo o olhar distante da esposa, Adalberto decidiu chamar a atenção de Júlia dizendo:

— Essa salada de salmão está ótima, querida!

— Concordo com o senhor Adalberto, Júlia. Depois quero a receita — aduziu Marília, que, sem saber, proferiu as palavras mágicas para conquistar de vez a amizade da vizinha.

A sobremesa foi servida seguida de um licor de cacau, que, com o café na sala de estar, encerrou com chave de ouro o jantar.

Já era tarde quando Marília se despediu de seus novos amigos. Júlia e Adalberto acompanharam-na até a porta, com a promessa de se verem em outras ocasiões.

O casal voltou em seguida para a sala, onde ficaram conversando como há anos não faziam.

— Você esteve ótima essa noite! O jantar estava impecável! E dona Marília, então, nem se fale. Uma criatura excepcional. Se eu fosse você, eu cativava a amizade dela, pois lhe fará muito bem.

Júlia sorriu. Adalberto deu-lhe boa-noite e subiu para o quarto, deixando a esposa pensativa na sala.

Beth retocava a maquiagem em frente ao espelho retrovisor de um automóvel que estava estacionado na rua, quando Amanda e duas moças se aproximaram.

— Hei! Precisamos conversar — comentou uma delas com as mãos na cintura, esperando a boa vontade da colega, que terminou de passar o batom tranquilamente antes de se voltar para o grupo.

Beth questionou em tom desafiador.

— O que você quer, Michele? Já vou lhe adiantando que não estou de bom humor, por isso fale logo e queime o chão!

Michele cruzou os braços. Ela e Beth também não se davam bem. As duas já haviam brigado outras vezes. Então, respondeu asperamente:

— Não vem dando uma de boa pra cima de mim, porque não cola. Só vim lhe dar um recado: sua protegida está invadindo minha área, e não estou gostando nada disso.

— Que protegida?

— Uma garota chamada Sara!

Beth riu prazerosamente e, passando a mão pelos cabelos negros, num gesto que a deixava ainda mais sensual, respondeu:

— Era só o que me faltava! Quem lhe disse que Sara é minha protegida?

— Ela mesma, queridinha! Além do mais, todas nós sabemos que foi você quem deu autorização para ela circular por aqui.

— Eu? Ah! Faça-me um favor! Só porque troquei duas palavras com Sara, isso não significa que eu a protejo. Ao contrário, não gosto nada de vê-la por aqui. E quer saber? Se ela está na sua área e a está atrapalhando, se olhe no espelho e se enxergue, pois já passou da hora de você se aposentar. Você está velha para a profissão, queridinha!

Michele sentiu o fogo subir com as palavras de Beth e partiu para a briga. As duas se atracaram, e, com a confusão formada, outras garotas se aproximaram. A polícia foi chamada ao local e levou as moças para a delegacia. Beth e Michele foram deixadas na sala do delegado, que, com o falatório incessante e as acusações mútuas, se irritou e decidiu trancafiá-las em uma cela.

Ao ver Michele encostada em um canto, Beth comentou:

— Está vendo o que você fez?

— Eu?! Foi você quem começou, sua sirigaita!

As duas voltaram a discutir, até que uma voz masculina se fez ouvir.

— Parem com isso!

Era Paulo, que, procurando manter uma postura altiva, abriu a porta da cela dizendo:

— Vocês podem sair, mas sem falaram um "a"! E, da próxima vez que arrumarem confusão, ambas serão autuadas!

As duas mulheres foram deixando o local, cada uma absorta em seus próprios pensamentos. Beth, que ficara por último, passou pelo detetive e teve seu braço segurado por ele.

— Você vem comigo! — comentou apertando o braço de Beth com força e a conduzindo a uma pequena sala, onde havia uma mesinha e duas cadeiras.

Paulo puxou uma cadeira e a ofereceu à moça, que meio contrariada se sentou. Após acomodar Beth, ele saiu, voltando em seguida com duas canecas de café. Ao entregar uma à moça, questionou:

— Sabe o que não entendo? Como uma moça de família, que faz faculdade, tem bons amigos e sabe se portar educadamente em sociedade, sai à noite para se prostituir e se mostra tão vulgar e baixa a ponto de ser presa por briga.

Beth tomou um gole de café, pois sua garganta estava seca, e, procurando manter sua postura ereta, respondeu:

— Você não sabe nada a meu respeito.

— Sei, sim. Sei onde você mora, onde estuda, sei também que sua família não sabe de seu trabalho e que seu nome verdadeiro é Beth.

— O quê? Quem lhe deu ordem para investigar minha vida? — Beth levantou-se, passando a andar de um lado para o outro colérica. Paulo limitou-se a olhá-la, o que a deixou ainda mais nervosa e a fez esbravejar:

— Você pensa que me conhece? Não, você não me conhece! É apenas um policial cretino, que está sendo pressionado pela imprensa a solucionar o caso do assassino de prostitutas, pois isso está incomodando muita gente! Você acha que gosto do que faço? Que sou feliz? Não... Não... Já sei o que passa na sua mente! No mínimo, você pensa que sou ambiciosa e que estou nessa vida para ganhar dinheiro sem esforço! É isso que você pensa. Se sabe de minha vida, deve saber também que tenho um pai que vegeta em uma cama e que não consegue nem se limpar. E que meu irmão trabalha feito um louco para reforçar o orçamento da casa, quase sempre escasso! Aí você me pergunta: "Por que você não arruma um emprego decente, como muitas garotas de sua idade?". Não é isso o que você pensa? Eu lhe respondo! Com um emprego miserável, não consigo pagar nem um livro!

Beth fez uma pequena pausa para tomar fôlego e, ao ver o detetive com o olhar firme em seu rosto, prosseguiu:

— Não sei por que estou lhe falando essas coisas! Você nunca vai entender! Eu não quero ter uma vida medíocre pelo resto de minha vida. Talvez até seja uma ambição de minha parte, mas que seja! Eu sou assim e pronto! — a jovem calou-se.

Após alguns minutos de meditação, Paulo comentou:

— Eu não quero julgá-la. Acredito que o que seja certo para mim não seja para você e vice-versa. Portanto, quem sabe o que é melhor para sua vida é você. Eu a chamei aqui, porque preciso de sua ajuda. Como acabou de dizer, há um psicopata à solta e está difícil investigar o caso, porque vocês não facilitam. Portanto, preciso de alguém que seja do meio para investigar com as outras meninas, sem levantar suspeitas, e você é a pessoa ideal.

Beth espantou-se com a oferta e, após alguns minutos de meditação, comentou:

— Ninguém mais do que eu quer ver esse louco atrás das grades. O que tenho que fazer?

Paulo colocou Beth a par de seu plano, fazendo a moça ouvi-lo atentamente, começando ali um laço de amizade entre os dois. Quando deixou a delegacia, Beth estava mais leve, tendo a certeza de que ajudaria a solucionar aqueles crimes e podendo, assim, vingar a morte de sua amiga Telma.

⁂

Olga lavava a louça do almoço, quando a campainha soou. Ela não esperava visitas, o que fez seu coração bater descompassado. Olga sempre esperava que alguém viesse lhe trazer uma notícia ruim de Fábio, que ultimamente a estava deixando de cabelos brancos. Procurando se recompor, ela abriu a porta e, ao ver a figura da irmã, foi logo dizendo:

— O que aconteceu? Fale logo! Marília riu da irmã e, após entrar na casa, respondeu:

— Não houve nada! Você anda muito dramática. Senti sua falta e vim vê-la. Só isso!

— Ai! Eu ainda morro do coração! Pensei que algo de ruim tivesse acontecido com Fábio! Aquele menino ainda vai me matar!

Marília olhou à sua volta. A casa estava desarrumada e, vendo que a irmã estava no meio de uma faxina, pôs-se a ajudá-la. Em pouco tempo, a casa estava limpa e arrumada, com um agradável perfume de pinho exalando no ar. O aroma do pinho, no entanto, foi logo substituído pelo cheiro do café fresco, que Olga fizera questão de coar para a irmã.

Quando se sentaram para conversar, Marília finalmente revelou o motivo de sua visita.

— Dias atrás, ouvi Clara falar com um amigo. Eu não entendi direito o que eles estavam conversando, até porque, você sabe, respeito a privacidade de meus filhos, mas escutei alguma coisa sobre procurar Otávio no Rio. Por isso, tomei uma decisão. Vou contratar um detetive para encontrá-lo.

— Você enlouqueceu? Não pode fazer isso! Lembre-se do que ele lhe fez. Se não fosse Afonso, você não estaria aqui para contar a história. Otávio é muito perverso e é capaz de qualquer atrocidade.

— Otávio é um doente, Olga, mas é necessário fazer isso! Clara está decidida a encontrar o pai e não sabe de fato quem ele é, portanto é mais seguro para ela que eu o encontre primeiro. — Você é muito mole com seus filhos, minha irmã! Em vez de procurar aquele diabo, você deveria dar um bom corretivo em Clara para que ela esqueça esse pai de uma vez por todas.

— Ah! E você acha que tudo se resolve à base de grito? Se fosse assim, Fábio seria um santo, e você não passaria o dia preocupada com as atitudes dele. Marília calou-se. Olga já ia responder, quando ouviu o barulho da porta se abrindo. Era Fábio, que, ao perceber o clima entre as duas, tentou descontraí-las.

— Nossa! Vocês estão se preparando para um velório? Que conversa animada! Estou gostando de ver!

— Sem gracinhas, Fábio! Quando você vai crescer, criar juízo, trabalhar e ser dono de sua vida?

— Tudo bem! Eu não vou mais atrapalhá-las. Desculpe! Vou para meu quarto. Tchau! — desconversou Fábio, ao perceber que a conversa entre as duas estava quente e que o melhor a fazer era deixá--las sossegadas.

— Eu não sei mais o que fazer com esse menino. Fábio não para mais em casa, sai todas as noites e só volta no dia seguinte. Que falta faz um pai nessas horas!

— Desculpe, mas você não dá um espaço para ele. Só sabe cobrar uma postura que ele ainda não tem.

— Ora, não fale bobagem! Mário sempre foi ajuizado e nunca me deu trabalho. Só agora é que anda estranho.

— Está vendo? Você demonstra claramente sua preferência por Mário. Ninguém é igual a ninguém, minha irmã! Cada ser é único e perfeito dentro de sua evolução. Trate Fábio com mais amor e compreensão. Uma mãe sempre tem que procurar entender seu filho, por mais que seja difícil. Eu também não sou um exemplo de mãe. Tenho muitas dificuldades com Clara, mas essa diferença com ela vai terminar, mesmo que eu venha a sofrer com meu passado. Agora tenho que ir, pois já está ficando tarde... Pense no que lhe falei!

Olga despediu-se da irmã, voltou à sala, sentou-se na poltrona e deixou os pensamentos vagarem, lembrando-se de quando Marília chegou à sua casa com uma pequena bagagem e duas crianças. Ao lembrar-se de Otávio, estremeceu: "Marília está louca, só pode ser! Querer encontrar aquele salafrário é demais!".

Ficara tão distraída com as tristes lembranças do passado que não percebera a presença de Mário, que, ao vê-la apática, se sentou a seu lado e lhe deu um beijo na mão, perguntando:

— O que aconteceu para a senhora estar com essa carinha de tristeza?

— Nada, só estava às voltas com minhas lembranças.

Olga levantou-se, foi direto para a cozinha e começou a preparar o jantar, sendo seguida pelo filho, que, respeitando seu silêncio, tratou de ajudá-la sem fazer maiores comentários.

❧❦❧

A noite começara com uma fina garoa, fazendo Júlia se sentir ainda mais melancólica. Adalberto ligara minutos antes avisando que não jantaria em casa. Enquanto olhava pela janela, ficou pensando onde o marido estaria, imaginando-o nos braços da amante, tomando champanhe e dando a outra o amor que lhe negava e que era seu por direito.

— Não, Júlia, reaja! Aquele traste não merece que você fique desse jeito — disse a si mesma.

Júlia já estava com a cartela de calmante nas mãos, quando o rosto da vizinha lhe veio à mente. Sem pensar duas vezes, ela foi à casa de Marília, que, ao vê--la, se espantou, mas, procurando ocultar seus pensamentos, a convidou para entrar.

— Sei que não é de bom-tom aparecer de surpresa, mas estava sozinha e pensei em você. Se eu a estiver incomodando, me fale! Eu volto outra hora.

— Imagine, Júlia! Somos vizinhas, e entre vizinhos não é preciso ter tanta etiqueta. Venha, vamos tomar um chá na cozinha.

Marília conduziu a amiga até a copa, esquentou a água e fez o chá. Serviu uma xícara a Júlia, pegou alguns biscoitos e colocou-os na mesa. Sentou-se e, após se servir de uma xícara, comentou animada:

— Adoro saborear um chá em boa companhia, mas sinto que está com uma ruga de preocupação. Se quiser desabafar, fique à vontade!

Júlia ficou pensativa. Marília estava se tornando sua amiga, mostrando-se ponderada e confiável. Precisava desabafar, não tinha parentes próximos e suas antigas amigas haviam desaparecido com o passar do tempo. Após mexer o chá com a colher, comentou:

— Estou passando por momentos difíceis. Adalberto não liga mais para mim. Você sabe... não me procura mais para a intimidade do casal. Ele me trata com indiferença e tem chegado em casa de madrugada, sempre alegando estar em reuniões que não existem... Eu não sei mais o que fazer!

Júlia começou a chorar, colocando para fora emoções até então reprimidas e ficando assim por um longo tempo. Marília, ao vê-la mais calma, perguntou:

— Você ama seu marido?

Júlia suspirou. Começou a lembrar-se de quando conheceu Adalberto, dos seus sonhos, do seu casamento e, em seguida, respondeu:

— Adalberto é tudo o que tenho!

— Desculpe-me, Júlia, mas, para lhe dar alguma opinião, preciso saber se o ama de verdade ou se simplesmente se acomodou com um casamento de fachada. Às vezes, vejo mulheres que estão casadas há vinte, trinta anos, não por amor, mas pelo medo de ficarem sozinhas, de terem que assumir responsabilidades que são dos maridos, entre outras coisas. Ou seja... por comodismo ou covardia.

— Em outras palavras, você é a favor da separação!

— Não! Sou a favor do amor, da amizade sincera, do respeito mútuo. Não cheguei a lhe falar ainda, mas, já que vem ao caso... Afonso, o homem de quem tanto falo e que tanto amo, não é pai de meus filhos. Ele foi e é meu segundo marido. O primeiro foi Otávio, um homem boêmio, de temperamento forte. Ele foi minha primeira paixão. E falo paixão, porque sei que não o amava, pois, se o amasse, estaria com ele até hoje. Uma noite, ele chegou em casa bêbado, jogou em minha cara que estava com outra, então acabei partindo para a agressão física. Foi naquele dia que descobri que não o amava, pois, se chegamos ao ponto de brigas como aquela, era sinal de que o respeito havia acabado. E se o respeito acaba, Júlia, o que resta é a separação. No seu caso, acho que isso não acontece. Pelo que vejo, Adalberto a ama e você o ama.

— Você acha mesmo? — perguntou Júlia, com uma feição mais animada.

— Sabe o que acontece... As pessoas se conhecem e partem para um namoro. A princípio, tudo é lindo. Aí vem o noivado e o entusiasmo para o casamento, que quase sempre acontece com os dois muito apaixonados. O tempo vai passando, e a paixão também. E é aí que entra o amor. Amor, para mim, é aceitar o outro do jeito que é. É entender os sentimentos da outra pessoa, sem cobranças ou críticas, mas com compreensão.

Júlia ficou pensativa, pois as palavras de Marília entraram em sua alma. Após tomar um gole de chá, comentou:

— Você está certa! Mas, no meu caso, Adalberto está me traindo com garotas de programa. Não posso aceitar isso!

Marília espantou-se com a afirmação da amiga, perguntando espontaneamente:

— Como você pode afirmar isso?

— Eu sei! Mexi na carteira dele e descobri um cartão de uma dessas agências de acompanhantes de executivos. Tive vontade de esganá-lo, mas me controlei!

— Júlia, façamos assim... Pense em tudo o que conversamos, analise em seu coração seus sentimentos por Adalberto, e depois me procure. Por hora, não faça nada. Não brigue com ele nem lhe cobre nada. Promete?

— Prometo!

As duas se deram as mãos. Agora mais refeita, Júlia despediu-se da amiga com um pouco mais de esperança para o futuro.

Capítulo **6**

Era meio de tarde, quando Beth desceu de um táxi em frente a uma modesta casa no subúrbio. Ao parar em frente ao portão, viu a singela placa indicando os trabalhos da cartomante e, após esboçar um profundo suspiro, entrou e caminhou até o quarto dos fundos. Aquele lugar era conhecido, pois o frequentava com certa assiduidade com suas colegas de trabalho, que procuravam os serviços da vidente no intuito de fazerem oferendas para as entidades femininas, mais conhecidas como pombagiras, que traziam sorte e proteção para aqueles que lhes agradavam com flores, perfumes e bebidas.

Ao chegar à sala de espera, que estava lotada, Beth avistou algumas conhecidas. A moça dirigiu-lhes um sorriso e foi falar com a atendente, que, ao vê-la, abriu um largo sorriso e comentou:

— Creio que não marcou hora com dona Silvana, estou certa? — questionou a moça, com um brilho indefinido nos olhos, pois trabalhava com a cartomante havia anos e já sabia lidar com o ego das clientes.

— Não! Eu perdi o cartão de vocês, mas preciso falar com dona Silvana hoje, de qualquer jeito!

A atendente não falou nada; apenas olhou a agenda e, após alguns minutos de meditação, tornou:

— Vou encaixá-la no último horário, por se tratar de uma cliente antiga... Mas, da próxima vez, ligue com antecedência para marcar um horário!

— Obrigada! — Beth respondeu, tentando disfarçar a contrariedade com a petulância da atendente.

Beth sentou-se ao lado de uma jovem, que, ao vê-la quieta, questionou:

— Você não é Mila, amiga de Telma?

Beth a fitou demoradamente, tentando puxar de sua mente de onde conhecia aquela jovem. E, mesmo não a encontrando nos arquivos de sua memória, respondeu:

— Sou, sim! Mas, infelizmente, Telma morreu!

A moça suspirou tristemente, ao falar:

— Eu sei. Coitada! Ela me deu um abraço tão forte quando a encontrei naquela madrugada! Parecia até que sabia que ia morrer e queria se despedir.

Beth abriu e fechou a boca. Finalmente, encontrara alguém que vira Telma naquela maldita madrugada. E, com esses pensamentos, virou-se completamente para a outra moça pedindo afoita:

— Me conte tudo!

A moça empalideceu. Não imaginava que a outra teria tanto interesse em saber os detalhes daquele encontro e, procurando desconversar, comentou:

— Bem! Eu não sei ao certo... Talvez dez ou onze horas da noite...

Beth estremeceu ao perceber a mentira da outra. Sua sagacidade lhe permitia detectar uma mentira a distância, e, procurando baixar o tom de voz, ela falou-lhe energicamente:

— Escute aqui! Você me disse que a encontrou de madrugada e não à noite. Além do mais, eu estava com ela por volta das dez horas. Portanto, é melhor você me dizer o que sabe, senão terá de fazer isso à polícia!

A moça olhou à sua volta e respondeu em tom quase confidencial:

— Se eu lhe contar, você jura que não falará nada a ninguém? Não quero encrenca com a polícia!

— Eu prometo! — respondeu Beth, cruzando os dedos indicadores nos lábios. Em seguida, ela passou a escutar atentamente o relato da jovem, procurando armazenar todos os detalhes em sua mente.

— Então foi isso o que aconteceu duas horas antes da morte de Telma?

— Sim, até pensei em procurar a polícia, mas você sabe como é. A corda sempre arrebenta do lado mais fraco, e eu não posso ter problemas judiciais.

Beth já ia responder, quando a atendente interrompeu a conversa, chamando a moça com quem ela conversava. A moça, então, entrou na sala indicada e, meia hora depois, saiu, despedindo-se de Beth com um simples aceno de mão.

O tempo passou lentamente. Beth escutava uma música de Madonna em seu *walkman*, quando finalmente foi conduzida à sala de Silvana.

A cartomante atendeu Beth na penumbra. Em sua sala, alguns incensos queimavam e exalavam um cheiro forte, o que fez a moça espirrar compulsivamente antes de se sentar para cortar o maço de cartas que a médium colocara à sua frente. Beth ficou à espera da mulher, que, após virar as cartas sob um pano vermelho e analisá-las, se pôs a falar:

— A vida a colocou em uma encruzilhada e não foi à toa. Em seu caminho ainda terá muita dor e sofrimento. Vejo um amor se aproximando, mas muita tristeza. Beth mordeu os lábios em sinal de nervosismo. Das outras vezes em que consultou a cartomante, as previsões foram mais positivas e, se dona Silvana acertara no passado, com toda a certeza acertaria no presente.

Com a convicção de que estava escutando previsões certeiras, Beth comentou:

— Sei que a senhora faz oferendas para as entidades... Será que elas poderiam mudar essas previsões? O que devo fazer para mudar essa situação?

Dona Silvana fechou os olhos mais uma vez, falando em seguida:

— Nada que faça impedirá que você passe pelas provas da vida. Confie em Deus que tudo dará certo! Vejo um futuro feliz, desde que não se revolte contra as armadilhas do destino.

Beth permaneceu absorta em seus próprios pensamentos. Dona Silvana abriu novamente os olhos, fixou sua consulente e encerrou a entrevista, dizendo:

— Muitas de suas amigas me procuram para pedir banhos atrativos e trabalhos oferecidos às pombagiras, no intuito de terem mais clientes. Você confia em si, não precisa dessas ajudas espirituais, mesmo porque de nada adiantaria. Portanto, acho que já posso encerrar a consulta!

Beth levantou-se abruptamente. Não tinha dúvidas de que a situação estava ruim para seu lado e, após agradecer a cartomante e pagar a consulta, deixou o local.

Ao sair para a rua, Beth praguejou. A tarde já estava caindo, e ela precisaria correr.

— Droga, Beth! Mil vezes droga! — disse a si mesma, procurando se situar. O ponto de táxi mais próximo ficava a algumas quadras dali, o que a fez andar rapidamente.

Chegando à praça, Beth avistou um orelhão, de onde ligou para Paulo marcando um encontro para logo mais. Em seguida, a moça pegou um táxi, já pensando na desculpa que daria a Pedro por não estar em casa.

Paulo chegou ao local combinado, um pequeno bar longe do centro da cidade e dos olhos das pessoas que circulavam por lá, e olhou para o relógio. Fora pontual, mas sua informante não o esperava.

Ao ver o garçom, Paulo pediu uma cerveja. Sua mente fervilhava. Um mês se passara desde a morte de Telma, e o assassino já fizera outra vítima. A imprensa local queria informações, seus superiores o pressionavam, e ele não tinha nenhuma pista que pudesse levá-lo até o assassino. Suas esperanças se renovaram quando Beth concordou em ajudá-lo. "Espero que ela tenha uma boa notícia!", pensou, ao tomar um gole de cerveja.

Pouco depois, Paulo vislumbrou a fisionomia chamativa de Beth entrando no local e caminhando em sua direção. A moça puxou uma cadeira e sentou-se, dizendo:

— Desculpe-me o atraso. É que... você sabe...

Paulo interrompeu-a, dizendo:

— Sei, sei... Mas bem que você poderia ter vindo um pouco mais discreta. Não queremos levantar suspeitas, lembra-se disso?

— Não me perturbe! Estou com roupa de guerra. Não vim me encontrar com um padre nem estou indo para um convento, se é que me entende.

— Ok! Está bem! Agora, me diga... o que você descobriu? — perguntou Paulo, baixando o tom de voz.

— Bem! Hoje à tarde, fui a uma vidente e...

Paulo colocou a mão no rosto, pois não acreditava no que acabara de ouvir. Com tantos casos para resolver, ele estava ali perdendo tempo com histórias de cartomante e foi com o tom de voz irritado que a interrompeu:

— Desculpe, mas achei que você tinha descoberto alguma pista! Eu não vou perder meu tempo para ouvir o que uma vidente, mãe de santo ou sei lá o quê, previu!

A moça irritou-se mais uma vez, respondendo nervosa:

— Você quer me ouvir ou não? Como ia lhe dizendo, fui a esse local muito frequentado pelas meninas que trabalham na noite e encontrei uma amiga de Telma, que, sem querer, deixou escapar que esteve com ela pouco antes de sua morte.

Paulo empolgou-se, tirando do bolso sua caderneta de anotações e uma caneta. Em seguida, falou em tom alegre:

— Me conte tudo o que essa moça lhe disse!

— O nome dela é Elza! Ela e Telma mantinham uma boa amizade, e, naquela madrugada, as duas se encontraram em um barzinho. Você deve conhecer o local. A maioria das meninas vai para lá no final da noite, pois é ponto de encontro com os taxistas. Fica no centro, próximo à Praça Roosevelt.

— Sei! Conheço o lugar. É muito movimentado! É lá onde vocês fecham a noite. E, por haver muitos taxistas no local, fica fácil pegarem carona para irem embora.

Paulo anotou o nome do bar. Beth esperou que ele terminasse e prosseguiu:

— Certo! Elza estava conversando com Telma, quando um rapaz se aproximou das duas. Segundo o que ela me descreveu, ele é branco, tem estatura média e deve ter entre dezoito e vinte anos. Ele começou a flertar com Telma, que acabou dando a ele o número do bar, pois era mais fácil encontrá-la no local do que em casa. O rapaz foi embora, e as duas continuaram conversando. Pouco tempo depois, ligaram para o bar e chamaram Telma. Ela afastou-se de Elza para falar com a pessoa e, quando desligou o telefone, deu um abraço forte na amiga e foi embora, sem dizer com quem havia conversado.

Paulo anotou tudo. Após meditar por alguns minutos, comentou:

— Interessante! Isso nos leva a duas hipóteses: a primeira é que, se esse rapaz viu sua amiga e a escolheu como vítima, ele deve ter saído do bar, esperado um pouco e, em seguida, deve ter ligado para Telma e lhe oferecido uma carona para casa. Se ela aceitou essa carona, acabou tornando-se uma presa fácil. Se minhas conclusões estiverem certas, esse rapaz escolhe as vítimas pouco antes de matá-las. A segunda hipótese, já que ela recebeu um telefonema que a fez ir embora, é a de que se trata de algum cliente especial que tem o número do bar. Concorda comigo?

Beth fez uma pausa para pedir um refrigerante e respondeu em seguida:

— Concordo! E o mais interessante é que o rapaz, que pegou o número do bar para entrar em contato com Telma, se apresentou com o nome de Fábio e, pela descrição de Elza, eu o conheço!

— Você o quê? — perguntou Paulo, tentando acreditar no que estava ouvindo.

— É isso mesmo que você ouviu. Dias antes de Telma ser assassinada, eu estava subindo a Augusta quando um tal Fábio apareceu e passou a me seguir, me oferecendo uma carona. Obviamente, eu não aceitei! Não sou tonta! Percebi logo o que ele queria e tratei de parar o primeiro táxi que passava e o deixei falando sozinho.

Paulo empolgou-se ao falar:

— Ótimo! Amanhã mesmo, você ajudará a fazer o retrato falado dele. Esse rapaz tem que ser averiguado!

Os dois se despediram e marcaram de se encontrar no dia seguinte, pois já estava tarde e a jovem ainda teria uma longa noite de trabalho pela frente.

Marília e César chegaram à casa de Luiz pouco antes das oito horas. O rapaz estava ansioso, pois seria a primeira vez em que participaria de uma sessão espírita.

Pouco tempo depois, todos os presentes já estavam em seus lugares, e Mário, a pedido de Luiz, deu início aos trabalhos. Os espíritos, então, começaram a falar por meio de alguns médiuns.

César, que prestava atenção a todos os detalhes, começou a sentir um pequeno calafrio invadir-lhe o corpo e logo sentiu sua mente rodar. Luiz, que estava assistindo ao trabalho dos espíritos, aproximou-se do médium, colocando as mãos em sua testa e dizendo com voz suave:

— O que tanto a aflige, minha irmã?

O rapaz respondeu com um tom melancólico:

— Eu já lhe disse outras vezes... Sofro muito por tudo o que fiz. Eu preciso do perdão dela. Deus está me castigando pelo que a fiz sofrer.

— Deus não castiga ninguém. Ele é um pai bondoso e amoroso. Somos nós que, equivocados, agimos no mal, tendo nossa consciência como juíza de nossos atos. Portanto, perdoe-se e peça perdão a Deus, pois assim receberá ajuda dos benfeitores do astral maior.

— Não! Não posso e não quero! Vocês se dizem do bem, mas estão se esquecendo do castigo divino. Eu estou no inferno e só conseguirei sair dele quando ela me perdoar!

— Você está no inferno que criou em sua mente doentia, desequilibrada. O que estou lhe oferecendo é ajuda para deixar esse estado ilusório e encontrar a paz de espírito de que tanto necessita.

O espírito não ouviu mais nada e afastou-se de César, que, após respirar profundamente, voltou a si, ficando sem entender o que lhe acontecera. Luiz continuou os trabalhos, sem dar mais explicações ao rapaz. Pouco depois, a sessão foi encerrada.

Ainda aturdido, César esperou pacientemente o amigo se despedir dos que ali estavam e foi ter com ele:

— O que aconteceu comigo? Senti um tremor e depois passei a falar coisas que desconhecia.

— Acalme-se! Você é médium e tem facilidade de se comunicar com o mundo espiritual. Isso é mais comum do que você imagina.

— Mas e agora? Vou passar a receber os espíritos a qualquer momento?

Luiz riu da forma ingênua com que o rapaz expusera a situação, respondendo em tom amigável:

— Você está equivocado, rapaz! A mediunidade é uma faculdade que está latente em você, o que não significa que a qualquer hora você receberá mensagens dos espíritos. Ao contrário. Um médium sério deve estudar bastante para aprender como os espíritos agem no astral. Se você quiser, poderá frequentar a nossa casa e estudar como funciona o mecanismo da mediunidade. Só assim, saberá lidar com esse dom.

— Entendi! Bem, se é assim, passarei a vir às sessões com minha mãe. Sinto que o que me aconteceu hoje foi para despertar algo dentro de mim. Algo que, acredito, será para o meu bem.

— Fico feliz por ter mais um trabalhador em nossa casa, César. Agora, se me der licença, vou me despedir das outras pessoas.

Luiz saiu deixando César e Marília com Mário, que, após se despedir de alguns amigos, se retirou com os dois, indo para casa, onde os três terminaram a noite com um chá e uma conversa agradável.

⊱⊰⊱⊰

Fábio estava sentado apático na poltrona da sala. Por segundos, lembrou-se de Telma e dos poucos momentos que passaram juntos. Não estava aguentando mais guardar aquele segredo. "Mas em quem confiar?", perguntou a si mesmo. Pensou no irmão, mas logo desistiu, pois considerava Mário excêntrico e pudico demais para entendê-lo.

Olga entrou na sala e, tirando o filho de suas meditações, disse:

— É isso que dá não parar em casa e passar noites e mais noites fora. Agora, fica aí com ar de acabado. Quando você tomará juízo, Fábio?

O rapaz suspirou. Lidar com as cobranças de sua mãe era tudo o que ele não queria naquele momento, o que o fez levantar-se e ir para o quarto, deixando Olga falando sozinha.

Ao entrar na sala e ver a mãe reclamando ao vento, Mário exclamou:

— O que houve? Está dando para ouvi-la da rua!

— Seu irmão está cada dia pior! Agora deu para me ignorar. Eu não estou aguentando mais...

— Acalme-se! Fábio nunca foi de ignorá-la. Na certa, deve estar passando por algum problema.

Mário foi até o quarto do irmão e, vendo que a porta estava trancada, resolveu chamá-lo. Minutos depois, o rapaz abriu a porta e seus olhos estavam vermelhos, indicando que havia chorado.

— O que está acontecendo, Fábio? Nunca o vi chorar. Por que não se abre comigo?

Mário entrou no quarto e deu uma breve olhada à sua volta. Ao ver um espírito feminino de aspecto ruim deitado na cama, assustou-se.

— O que você tem? Desistiu de me dar uma lição de moral? — questionou Fábio, ao notar a palidez do irmão, que, ainda em estado de choque, comentou:

— Essa Telma... não estou entendendo... Ela... diz que você a matou!

Fábio empalideceu. Mário não estava falando coisa com coisa. Estava falando de Telma. "Mas como?", pensou, sentando-se na cama.

— Você está louco! Não conheço nenhuma Telma! Agora saia do meu quarto, pois quero ficar sozinho!

Mário ficou alheio aos comentários do irmão e passou a conversar mentalmente com o espírito.

— Telma está aqui. Ela me disse que você a matou e o está acusando. Ela quer se vingar de você, portanto me diga a verdade!

Fábio levantou-se abruptamente. Não tinha dúvidas de que o irmão estava vendo de fato o fantasma de Telma, mas como? Como aquilo era possível?

— Você pirou de vez? Não sei do que está falando. Bem, já que não quer sair do meu quarto, saio eu!

Fábio saiu do quarto e passou pela sala rapidamente, sem sequer olhar para a mãe. Olga, ao ver Mário passar em seguida, perguntou:

— O que houve, Mário? Seu irmão saiu de casa como um raio!

— Agora não, mãe! Eu preciso sair. Quando eu voltar, conversamos — respondeu o rapaz, sem parar para dar explicações à mãe, o que a fez ficar aflita esperando o retorno dos filhos.

Capítulo **7**

A noite ia alta, quando Mário estacionou seu veículo em frente à casa de Luiz. Sua mente fervilhava e, sem se importar com o tardar das horas, ele bateu palmas. O amigo, ao vê-lo, abriu o portão e o fez entrar questionando:

— O que aconteceu? Você está branco como cera!

— Preciso de sua ajuda! Desculpe aparecer sem avisá-lo, mas é que o assunto é sério.

— Acalme-se primeiro! A angústia não é boa aliada nossa. Mesmo em momentos difíceis, devemos manter a serenidade. Venha! Vou preparar um chá de hortelã para nós! Luiz foi à cozinha acompanhado pelo amigo, que permaneceu calado e perdido em seus pensamentos, enquanto esperava o outro preparar a bebida.

— Tome um pouco de chá e depois desabafe. Sou todo ouvidos!

Mário sorveu um gole do líquido quente e sentiu-se um pouco melhor. Em seguida, relatou ao amigo o que lhe acontecera. Luiz, por sua vez, ouvia tudo atentamente.

Quando Mário terminou de falar, o rapaz comentou:

— Seu irmão está sendo obsidiado pelo espírito de Telma, que deve estar muito perturbado ainda pelo que aconteceu. No entanto, não creio que Fábio a tenha assassinado.

— Eu também não quero acreditar nisso, mas ela o acusa com tanta convicção! E depois, só ela viu quem a matou!

— Será? Você sabe que não podemos acreditar em tudo o que os espíritos recém-desencarnados dizem! Ela imagina que seja ele o assassino, mas, como você mesmo narrou, tendo por base as palavras de Telma, ela e Fábio tiveram uma relação íntima e, logo depois, ele foi embora e ela adormeceu. Em seguida, alguém entrou e a matou.

— Mas se ela falou é porque sabe.

— Mário, Mário! Não se deixe levar pela ilusão de que todos os espíritos sabem de tudo. Lembre-se de que Telma ainda está apegada à Terra, com uma visão de vida ainda voltada para suas próprias conclusões. Todas as semanas, temos casos como esses e sabemos que nem tudo que reluz é ouro.

— Você está certo! Estou nervoso demais com essa história. Meu irmão está passando por uma fase difícil. Eu preciso ajudá-lo, mas não sei como.

Luiz pensou um pouco e em seguida respondeu:

— Pois eu sei! Telma está confusa e, pelo jeito, não conseguirá ter paz enquanto não descobrir quem tirou sua vida. Vamos pedir para nossos mentores e amigos espirituais para tentar trazê-la até nós. Quem sabe, assim, consigamos elucidar essa questão? Ou possamos obter pistas de quem seja realmente o assassino? Por ora é o que temos a fazer. Lembre-se de que Deus habita todos os lugares e que não cai uma folha sequer de uma árvore sem seu consentimento. Tudo está correto no universo e tudo tem sua hora para acontecer. Por isso, Mário, acalme-se e entregue esse caso às mãos de Deus e dos espíritos amigos, que tudo será resolvido.

Mário concordou com a cabeça. Luiz tinha o dom de acalmá-lo com seus conselhos pautados na espiritualidade maior.

Quando se despediu do amigo, Mário estava realmente melhor. No caminho de volta à sua casa, pensou no irmão: "Meu Deus! Fábio seria capaz de cometer um crime? Não, meu irmão não chegaria a tanto... Ou chegaria? Fábio sempre foi alegre e nunca desrespeitou ninguém. Bem, Luiz está certo... Deus sabe o que faz, e a vida segue com os aprendizados necessários. Mas o que teremos para aprender com essa história?". Mário sacudiu a cabeça no intuito de afastar todos os seus pensamentos contraditórios.

Chegando em casa, Mário encontrou a mãe no mesmo lugar que a deixara quando saiu.

— O que está acontecendo? Cadê o Fábio? Estou pressentindo algo ruim, fale logo! — questionou Olga aflita, fazendo o filho sentar-se ao seu lado.

— Não está acontecendo nada, mãe. Fábio deve estar com alguns amigos. Não se preocupe. Agora, vou levá-la até seu quarto, pois já está tarde e a senhora precisa descansar.

Mário acompanhou a mãe até seu quarto. Na certa, ela deveria ter tomado um calmante, pois não o questionara mais. Após ver Olga deitar-se, ele a deixou e foi para seu quarto. Lá, fez uma sentida prece e conseguiu, por fim, pegar no sono.

Amanda estava andando rapidamente. A chuva castigava a todos naquela madrugada, e várias ruas da cidade estavam alagadas. A água molhava a jovem moça, que estava fria como sua alma, fazendo-a parar debaixo de uma cobertura para recuperar o fôlego.

A jovem olhou à sua volta. Havia poucos automóveis circulando e nenhum transeunte. Imediatamente, seus olhos avistaram ao longe uma figura que vinha em sua direção, sem se preocupar com a chuva grossa. Um calafrio percorreu-lhe a espinha, e seu coração começou a bater descompassado. A moça pôs-se a andar a passos largos. Quando olhou para trás, vendo que o vulto continuava em seu encalço, andou mais rápido e, tomada pelo medo, resolveu correr. Por segundos, *flashes* de sua vida inteira passaram por sua mente. "Vou morrer!", pensou, sem diminuir seus passos, até que, instintivamente, olhou para trás mais uma vez e não viu mais seu possível perseguidor.

Aliviada, Amanda parou de correr. Seu corpo trêmulo pedia um descanso rápido, o que a fez parar em frente a uma loja de conveniência, que, pelo tardar das horas, estava fechada. A jovem olhou mais uma vez para a rua, certificando-se de que estava fora de perigo, e sentou-se no degrau da loja, deixando-se relaxar embaixo do toldo.

Começou a pensar em sua vida e lembrou-se dos sonhos da juventude, que foram embora, um a um, com a dor do sofrimento de sua vida adulta. Por segundos, voltou a um passado não tão distante, quando, cansada de passar dificuldades, decidiu entrar para a prostituição. Pouco depois, um leve torpor tomou conta de seu espírito, fazendo-a lembrar-se de seu primeiro cliente, um homem de sessenta anos, que cheirava à bebida e a cigarros, misturados com o odor desagradável de seu corpo suado depois de um longo dia de trabalho.

Sua mente vagava, e ela nem pôde perceber que, do outro lado da rua, alguém a olhava e caminhava em sua direção. Quando deu por si, a figura encapuzada já estava à sua frente. Amanda, tremendo de susto e de medo, perguntou com voz trêmula:

— Quem é você...? O que quer de mim...?

— Quero você! — respondeu uma voz que Amanda não conseguiu definir se era de homem ou de mulher.

E, sem que Amanda conseguisse esboçar qualquer reação, o vulto pôs-se a esfaqueá-la, dizendo:

— Você não deveria estar nas ruas, sua meretriz! Isso é para você aprender a não destruir mais nenhum lar e a não vender mais seu corpo!

A cada punhalada, o algoz de Amanda somava mais ódio às suas palavras, até que, por fim, viu sua vítima dar o último suspiro.

Beth dormia pesadamente, quando o telefone tocou. Ela revirou-se na cama, pois não desejava acordar, mas, devido à insistência, atendeu. A voz do outro lado da linha era de Paulo, que ligara para marcar um novo encontro para logo mais, sem dizer do que se tratava o assunto.

O telefonema a fez levantar-se ainda sonolenta e ir direto para o chuveiro. Após tomar um banho, Beth finalmente despertou. Estava preocupada, pois Paulo nunca lhe telefonaria àquele horário se não tivesse algo muito importante a dizer. E, com essa constatação, ela arrumou-se de forma discreta e foi para sala.

Ao ver o irmão, Beth tentou disfarçar o que se passava em seu íntimo, esboçando um falso sorriso:

— Bom dia, Pedro. Eu me esqueci de comentar com você que terei de ir à biblioteca da faculdade para fazer um trabalho. Você se importa de cuidar do papai sozinho?

— Claro que não! Sabe que faço de tudo para vê-la se formar! — Obrigada, Pedro, você é o melhor irmão do mundo!

— Bondade sua!

Beth deu um beijo no rosto do irmão. Ao sair, sentiu sua consciência pesar. Pedro nem sonhava com a vida que a irmã levava e morreria de desgosto se um dia soubesse de seu segredo. "Não, Beth, nem pense nessa hipótese!", disse a si mesma, balançando a cabeça no intuito de afastar aqueles pensamentos.

Meia hora depois, Beth entrou na cafeteria, onde Paulo já a esperava com uma xícara de café nas mãos. A moça sentou-se ao lado do policial e, após os cumprimentos, foi logo dizendo:

— Espero que o assunto seja muito importante, pois você me expulsou da cama logo cedo em um sábado frio e chuvoso!

— Amanda foi morta na madrugada passada!

Beth abriu a boca e não conseguiu fechá-la. Amanda não era sua amiga, mas Beth convivera com ela e aprendera, mesmo com tantas brigas, a admirá-la.

— Eu a chamei aqui, porque achei que você pudesse ter alguma pista. Afinal de contas, você e Amanda dividiam o mesmo ponto! — comentou Paulo, no intuito de chamar sua informante à realidade.

— Ontem à noite, não fui trabalhar. O movimento cai muito em noites frias e chuvosas — Beth fez uma pausa e pediu ao balconista uma xícara de café com leite. A moça esperou pacientemente até ser servida e, em seguida, pôs-se a relatar tudo o que sabia a respeito de Amanda para o investigador, que, como sempre, anotou tudo em sua caderneta.

Quando Beth terminou de falar, Paulo comentou:

— Hoje mesmo, vamos mostrar à imprensa o retrato falado que você fez do possível assassino. Quem sabe, não conseguimos pegá-lo e acabamos de uma vez por todas com esses crimes?

— Mesmo porque, aposto que sua cabeça está a prêmio! — aduziu a jovem.

— Minha cabeça, a do delegado e de todas as autoridades desta cidade vão rolar. Esses crimes geraram polêmica e motivos para discursos éticos. Você sabia que, dias atrás, vi em um programa de televisão uma enquete para saber se as pessoas apoiavam ou não a prostituição?

— Também estou vendo matérias a respeito. As pessoas condenam o que não conhecem. Às vezes, escuto alguém dizer que somos a escória da sociedade e que esse assassino está fazendo um bem para as famílias decentes, eliminando o lixo da Rua Augusta. Essas pessoas só não se dão conta de que só há oferta porque há procura. Nem eu nem as meninas saímos batendo nas portas dos "lares de respeito" oferendo nosso produto.

Beth enxugou as lágrimas que rolaram por sua face. Chegara ao seu limite, e aquele desabafo, apesar de tudo, lhe fora benéfico.

— Bem! Agora tenho que ir. Só lhe peço um favor. Providencie um enterro como o de Telma para Amanda. Vou arrecadar dinheiro com as meninas hoje à noite e lhe pago as despesas do funeral.

Paulo concordou com a cabeça, enquanto a jovem deixava o local.

A chuva caía com insistência naquela tarde, quando Marília e César chegaram à casa de Olga. Ao vê-los, Mário cumprimentou a tia dizendo:

— Que bom que a senhora chegou! Mamãe está muito nervosa. Tive que dar a ela um calmante para que dormisse.

Mário relatou tudo o que acontecera na noite anterior, e os dois ouviram-no atentamente.

— Na madrugada passada mataram outra moça, e Fábio não chegou ainda.

— Por mais que saibamos que ele não faria uma coisa dessas, para a polícia isso é um prato cheio — comentou Marília ao final da narrativa do sobrinho. — Bem... a polícia ainda não chegou até ele, mas é questão de tempo, uma vez que alguém deve ter visto Fábio se encontrando com a primeira vítima.

— Disse tudo, primo. É questão de tempo!

As horas passaram lentamente. Olga levantou-se no início da noite, e Fábio ainda não havia chegado. Todos estavam apreensivos. Marília preparou uma sopa e, com muito custo, conseguiu fazer a irmã tomar.

Mário ligou a televisão no intuito de descontrair o ambiente. O jornal local estava começando, o que chamou a atenção de todos. As notícias não eram nada agradáveis: deslizamentos de terra nas encostas,

119

ruas da periferia alagadas e o assassinato de Amanda, que se tornara a principal notícia da noite. O repórter relatou detalhes do crime e a entrevista que fizera com Paulo, que mostrou o retrato falado daquele que, segundo ele, estava sendo procurado para averiguações, por ser um possível suspeito de cometer os crimes.

Ao ver o retrato do filho na televisão, Olga deu um grito abafado, desmaiando em seguida. Mário, tentando manter a calma, desligou a televisão e, com a ajuda de Marília, socorreu a mãe.

Quando Olga voltou a si, chorou compulsivamente, fazendo Mário envolver o rosto da mãe com as mãos e olhá-la fixamente:

— Sei que vou ser duro, mas chegou a hora de a senhora ouvir a verdade. Fábio está sendo acusado de assassinato, mas isso não significa que ele seja o assassino. Mãe, chegou o momento de rever suas atitudes, parar de ser dramática e de reclamar de tudo. Seja forte, confie em Deus, sem lástimas ou melodrama barato! Isso não nos ajudará em nada. Ao contrário! Quanto mais a senhora reclamar, mais problemas terá. O universo age dessa maneira conosco. Nenhuma palavra se perde no espaço. Tudo o que a senhora falar de negativo voltará em negatividade e vice-versa. Desculpe-me falar com a senhora dessa maneira, mas é a verdade!

Olga ouvia o filho sem dizer nada. As palavras de Mário atravessavam seu ser de forma irremediável. Ela teve vontade de se justificar, de se defender, mas não conseguiu. Levantou-se e, sem nada a dizer, correu para seu quarto e trancou-se, ficando só com seus pensamentos.

Ao ver a irmã sair abalada, Marília tentou ir ao seu encontro, mas Mário a impediu, dizendo:

— Deixe-a sozinha! É bom que ela reveja suas atitudes. Ninguém é fraco. Todos nós conseguimos ser fortes quando precisamos, e mamãe precisa aprender isso.

Marília olhou para o sobrinho, sentindo-se amparada. Mário falava com voz firme, seguro de si, o que a fez concordar com ele.

Minutos depois, o telefone tocou. Era Fábio dizendo que ia sair do estado até provar sua inocência. Mário tentou fazê-lo desistir da fuga, mas foi em vão. O rapaz deu o recado e encerrou a ligação. Após se informar com o sobrinho, Marília foi ter com Olga, que, depois de muita insistência, resolveu atendê-la.

As duas sentaram-se na cama. Marília meditou um pouco e falou:

— Fábio ligou. Ele está bem. Disse que vai viajar até provar sua inocência, mas não falou para onde iria. Mandou dizer que a ama muito e que logo estará de volta.

Olga ouviu a irmã com lágrimas nos olhos e respondeu:

— Meus filhos não me amam! É mentira de Fábio! Na verdade, ele não está nem um pouco preocupado comigo! Há tempos ele não me ouve. Se me amasse, me obedeceria quando eu lhe dizia para não passar as noites fora de casa. Mas não! Como disse Mário, eu sou dramática, chata e só sei reclamar! Agora só falta você me dizer que Fábio arrumou confusão para sua vida por minha culpa!

    Marília pegou um lenço que estava em seu bolso e enxugou carinhosamente as lágrimas da irmã, dizendo:

— Não existem culpados, minha irmã. Fábio é jovem e, como todos, deseja ter vida própria. Ele é responsável por seus atos, e talvez seja isso o que você tenha de aprender. Cada um é dono de sua própria vida e responde por isso. Você é mãe e só, nada mais! Deu educação, estudo, amor e carinho para seus filhos. Eles cresceram sabendo o que é certo e errado, e você fez sua parte. Não adianta brigar, xingar, reclamar, dizer para eles fazerem assim ou assado, se cada ser é único. Quem vai ensinar e moldar seus filhos agora é a vida, não você! Mário está certo. Reaja, seja forte, pois assim tudo se moverá a seu favor.

    Olga não se conteve e, deixando suas emoções aflorarem, chorou. Marília fez a irmã se deitar em seu colo e deu-lhe amor sem dizer mais uma palavra. As duas ficaram assim por um longo tempo.

    A semana passou rapidamente. Na casa de Olga a tristeza reinava. Fábio ainda não havia voltado. Mário, sempre que possível, proferia palavras de incentivo à mãe, que, aos poucos, começou a reagir à situação. Marília se desdobrava para cuidar de sua casa e da irmã que tanto a ajudara no passado.

Paulo estava nervoso. Já fazia mais de uma semana que o retrato falado do possível assassino havia sido divulgado pela imprensa. Dezenas de denúncias anônimas foram feitas, e ele foi atrás de cada uma, mas em vão. Desvendar aqueles crimes tornou-se questão de honra para ele.

Naquele dia, Paulo reuniu alguns endereços para averiguar, obtidos a partir de denúncias, e já estava no final da procura quando bateu na porta de Olga. Mário saiu para atender à porta. Ao ser recebido, Paulo identificou-se e em seguida mostrou o retrato falado, dizendo:

— Estou à procura deste rapaz. Uma denúncia anônima me trouxe até aqui. Segundo a pessoa que fez a denúncia, aqui mora uma senhora viúva com dois filhos. Um se chama Mário, que acredito que seja você, e o outro se chama Fábio. Posso vê-lo?

Mário convidou o detetive para entrar e, por alguns segundos, suspirou aliviado. Ele estava só em casa, pois Marília havia levado Olga para passar o dia com ela, o que foi providencial.

Paulo entrou na casa, acomodou-se na sala e viu um porta-retratos com uma foto de Fábio. O policial olhou para o retrato falado e sorriu. "É esse o homem!", pensou.

— Acho que encontrei quem eu procurava. Seu irmão é o homem do retrato falado. Eu gostaria de vê-lo. Tenho de levá-lo para prestar depoimento.

Procurando manter-se calmo, Mário respondeu:

123

— Eu gostaria de poder ajudá-lo, mas não será possível. Fábio está viajando pelo Nordeste do país. Ele ligou para casa hoje e só ligará de novo daqui a mais ou menos quinze dias, mas posso lhe assegurar que, assim que conseguirmos falar com ele, diremos o que está se passando. Tenho certeza de que ele voltará para esclarecer esse engano. Eu lhe asseguro que meu irmão não tem nada a ver com esses crimes.

Paulo esboçou um sorriso cínico, pois sua experiência de tantos anos como investigador lhe dizia que Mário estava mentindo. No entanto, ele decidiu entrar no jogo do rapaz:

— Pode até ser que seu irmão seja inocente, porque para a justiça somos todos inocentes até que se prove o contrário, mas, se ele realmente está de férias, é bom que volte logo, pois a partir de hoje de averiguado ele passou a ser suspeito e de suspeito a "foragido" falta muito pouco.

Paulo tirou um cartão do bolso, entregou-o para Mário e completou em seguida:

— Este é o meu cartão. Ligue assim que ele chegar. Agora, passe bem!

Mário acompanhou o detetive até a porta. Em seguida, voltou à sala e ligou para Luiz, informando-lhe o que acontecera. Ao desligar o telefone, sentiu-se um pouco melhor, pois as palavras lúcidas do amigo lhe fizeram bem. Ele, então, decidiu fazer uma prece, pois precisava da ajuda de seus mentores espirituais para receber boas energias. Fechou os olhos e pôs-se a falar com Deus, mantendo-se em prece por alguns minutos.

Sem perceber, Mário adormeceu e, pouco depois, seu espírito saiu do corpo material. Ele olhou seu corpo imóvel e por alguns segundos pensou em voltar à matéria, mas se lembrou das palavras de Luiz sobre desdobramento e se tranquilizou, pois sabia que seu corpo estava vivo e ligado a seu espírito por um cordão prateado.

Mário andou pela sala. Algo lhe dizia para ir ao quarto de seu irmão. Decidido, o rapaz caminhou até o local e, ao entrar no cômodo, deparou-se com a figura de Telma.

— Não tenha medo! Só quero ajudá-la.

A moça olhou-o de cima a baixo, dizendo:

— Eu sei. Você é do bem. É diferente do seu irmão, aquele salafrário. Ele não vai conseguir fugir por muito tempo! — afirmou Telma, com a voz embargada pelo ódio e pela raiva.

Procurando manter a calma, Mário perguntou:

— Você viu meu irmão assassiná-la?

Telma pensou um pouco, procurando reviver os últimos momentos que passou na carne, então disse ao rapaz:

— Eu conheci seu irmão naquela madrugada. Dei-lhe o número do barzinho onde geralmente termino as noites, e, pouco depois, ele me ligou. Combinamos de nos encontrar a poucos metros dali, pegamos um táxi e fomos até a minha casa. A princípio, achei-o bonitinho. Trocamos alguns beijos, e isso acabou em sexo.

Telma fez uma ligeira pausa e continuou:

— Pouco depois, ele olhou para o relógio. Já estava amanhecendo, e ele foi embora rapidamente.

Eu, então, tomei um banho e me deitei, pois estava cansada. Acabei pegando no sono e minutos depois acordei com alguém em cima de mim, me estrangulando com um fio. Eu fui perdendo o ar e...

Telma começou a sentir falta de ar, como se ainda estivesse sendo asfixiada. Mário não pôde ver, mas dois espíritos de luz estavam no local, enviando energias benéficas para a moça, o que a fez melhorar e continuar a conversa. Ao vê-la melhor, o rapaz questionou:

— Como você mesma acabou de dizer, você viu alguém, mas não pode afirmar que esse alguém é meu irmão. Estou certo?

Telma pensou um pouco e em seguida respondeu:

— Sim, pois, quem me matou estava com um capuz, e foi tudo tão rápido... Eu só pensava em me livrar, mas foi em vão... — a moça pôs-se a chorar, colocando para fora toda a sua mágoa e tristeza!

Comovido com a situação, Mário aproximou-se dela, pegou suas mãos trêmulas e segurou-as, dizendo:

— Sei que está sendo difícil para você, mas preciso saber tudo a respeito do caso. Meu irmão está sendo acusado por você e pela polícia. Eu sei que ele não seria capaz de tal atrocidade e por essa razão quero ajudá-la a desvendar esse caso. Faço isso pelo meu irmão, por você e por todas as moças que estão nas ruas desprotegidas e na mira desse psicopata. Tente ser forte! Talvez só tenhamos essa oportunidade, portanto me diga... tirando meu irmão, existe mais alguém que poderia querer matá-la? Um ex-namorado, um cafetão...?

Telma respirou fundo, enxugou as lágrimas que insistiam em cair por sua face e respondeu:

— Eu não tinha um cafetão. Estava tendo um caso com Adalberto, mas ele nunca me faria mal.

— Me fale mais sobre esse Adalberto — pediu Mário com ar desconfiado.

— Ah! Adalberto é tudo! É um homem experiente, de quarenta e oito anos, com uma boa posição social. Ele é casado, mas nos encontrávamos com frequência. Ele dizia que iria me tirar daquela vida, que se separaria da esposa e compraria uma fazenda no interior, onde seríamos felizes...

Por segundos, Telma esqueceu-se de sua atual situação ao lembrar-se de Adalberto. Mário aproveitou-se do momento e pôs-se a questionar tudo sobre o que a moça sabia a respeito dele.

Pouco depois, Mário olhou para Telma, notando que ela já estava com uma aparência melhor. O rapaz desejou continuar a conversa, mas seu espírito estremeceu e imediatamente voltou ao corpo carnal.

Mário acordou, esboçando um longo sorriso. Ele ligou novamente para a casa de Luiz e, quando o amigo atendeu à ligação, falou eufórico.

— Você não vai acreditar no que me aconteceu. Vou até a casa de minha tia para buscar minha mãe. Se não estiver ocupado, podemos ir juntos até lá, assim poderei lhe contar tudo pessoalmente.

Pouco tempo depois, Mário já estava na porta da casa do amigo, que, ao vê-lo, procurou se inteirar do que acontecera. Luiz fez Mário contar-lhe sobre a visita do investigador e sobre a conversa que tivera com Telma em um desdobramento consciente.

Capítulo **8**

A noite estava abafada e as estrelas brilhavam no céu com intensidade, quando Mário chegou à casa da tia com Luiz. Ambos foram recebidos por César, que os conduziu até a sala onde Marília lia um romance espiritualista intitulado *O amor venceu*, psicografado por Zibia Gasparetto e assinado pelo espírito Lucius.

— Que bom que vocês chegaram. Estava justamente lendo o livro que você me deu, Mário. A história é tão boa que conseguiu me distrair mesmo no meio desse furacão que estamos enfrentando — comentou Marília, depois de os cumprimentar com ternura.

— Fico feliz, tia. Também estou me apegando às forças astrais... Mas, onde está minha mãe?

— Olga está dormindo agora. Ela teve um mal-estar à tarde, e eu a fiz deitar-se. Estive no quarto há pouco, e ela está dormindo como uma pedra. Deixe-a aqui comigo, pois isso lhe fará bem.

— É melhor que ela fique com a senhora, pelo menos até Fábio voltar para casa.

— Ele deu algum sinal? — perguntou César, juntando-se ao grupo.

— Não, mas é melhor assim. Nosso telefone pode estar com escuta. Ainda hoje, um detetive esteve lá em casa e não tinha dúvidas de que o homem que eles estão procurando seja Fábio.

Marília balançou a cabeça negativamente. Aquele baque seria duro demais para a irmã, que nunca soubera lidar com seus problemas familiares. Ao vê-la perdida em seus pensamentos, Mário a chamou à realidade, contando com riqueza de detalhes o que lhe acontecera naquela tarde.

Ao final da narrativa de Mário, César o questionou:

— Nossa! Que coisa incrível! Mas como isso é possível?

— O desdobramento nada mais é que a capacidade que todos os seres humanos têm de projetar sua consciência para fora do corpo por meio de um sonho. No caso do desdobramento consciente, quem o faz sabe exatamente o que está acontecendo — explicou Mário.

— Interessante! Temos muito a aprender ainda! — comentou Marília, que a cada dia aprendia mais sobre a espiritualidade.

— Muito interessante, mas vamos voltar ao assunto — falou César, chamando a atenção dos três.

Após alguns segundos de meditação, Mário prosseguiu:

— Telma falou de um namorado que é casado, cujo nome é Adalberto. Isso o coloca na condição de suspeito!

— Não é bem assim. Em primeiro lugar, não devemos julgar ninguém. E depois, mesmo que alguém o coloque no caso, ele será no máximo averiguado — aduziu Luiz.

Marília lembrou-se de Júlia e da conversa que tivera dias atrás com a vizinha. Ao vê-la com o olhar distante, Mário perguntou:

— Em que está pensando? A senhora saiu do ar de repente.

Marília sacudiu a cabeça como forma de espantar seus pensamentos e respondeu em seguida:

— Não sei por que, mas me lembrei da vizinha. É que o nome do marido dela é Adalberto, e, sem querer, associei uma coisa à outra.

— Há centenas de Adalbertos casados nesta cidade e em boas condições financeiras também. Não podemos entrar na paranoia de achar que é o vizinho!

— Concordo. Eu nem deveria comentar com vocês sobre o que sei a respeito do casal, mas é que há uma grande coincidência nessa história. Sei que estarei traindo Júlia, mas...

— Mas o quê? Diga logo, mãe! Sabemos que a senhora não é fofoqueira, porém tem um louco solto por aí que está matando mulheres! E ninguém escreve na testa que é assassino!

— Eu sei, e é só por esse motivo que vou falar. Eu e Júlia nos tornamos amigas. Ela desabafou comigo e me contou que Adalberto a trai com garotas de programa. Ele pode muito bem ter saído com Telma.

— E como ele é? — perguntou Mário.

Marília descreveu o vizinho, o que fez Mário espantar-se:

— Essas são as características dadas por Telma! Só pode ser a mesma pessoa!

— Que seja! O fato de Adalberto ter tido um caso com a garota morta não indica que ele a tenha assassinado nem que é um maníaco! — elucidou César.

— Você está certo. Não podemos acusá-lo, mas não podemos descartar essa hipótese!

— Adalberto é um homem fino! Nunca faria mal a ninguém! — afirmou Marília, já arrependida de ter exposto a vida dos vizinhos.

— Quem lhe garante? — questionou Luiz, fazendo a atenção de todos se voltarem para ele. E vendo que a dona da casa estava pensativa, prosseguiu: — Um psicopata consegue disfarçar muito bem em sociedade e quase sempre passa despercebido nas rodas sociais, pois, embora seja praticamente desprovido de emoções, lhe sobra a razão.

— Sim! — obtemperou Mário. — Ao contrário do psicótico, que sofre delírios e alucinações e geralmente não tem noção do que faz! — E pelo que temos lido e visto na imprensa, esse assassino não está deixando pistas, o que é uma característica dos psicopatas, pois, por serem extremamente racionais, eles não deixam rastros — Luiz calou-se.

Percebendo que a tia ainda possuía uma rusga de dúvida, Mário comentou:

— Um indivíduo com mentalidade psicopática geralmente é egocêntrico e não tolera ser contrariado, o que pode vir a explicar o assassinato em série. Essa pessoa pode ter sido contrariada em algum momento desse processo, talvez antes de Telma ou pela própria Telma... Nesse caso, qualquer um pode ser o assassino!

— Entendi! — respondeu Marília, que, querendo saber mais sobre o assunto, questionou: — Bem... se essas pessoas são movidas pela razão e são desprovidas de emoção, então elas são más em essência?

— Somos espíritos em desenvolvimento, e cada um de nós está numa escala evolutiva. É como uma escada em que cada um ocupa um degrau, mas leva-se um incontável número de existências para se chegar ao topo. No caso dos psicopatas, eles se encontram nesse mesmo processo, mas em um estado de certa forma mais lento. Geralmente, eles são espíritos revoltados com as leis universais e muitos são ex-comandantes das trevas, que tiveram mais uma oportunidade em nosso plano terrestre.

— Então, essas pessoas não possuem obsessores e têm a perversidade latente?

— Eles ainda possuem a perversidade por revolta contra as leis divinas, mas de forma inconsciente. No entanto, essas pessoas não deixam de ser obsidiadas, uma vez que semelhante atrai semelhante e indivíduos assim se tornam alvos fáceis para espíritos ignorantes.

— "Há mais mistérios entre o céu e a terra do que sonha a nossa vã filosofia!"[1] — comentou César, fazendo todos rirem e descontraindo o ambiente.

— Sim, meu amigo, mas aos poucos vamos conquistando o direito divino de desbravar os mistérios do universo — respondeu Luiz, convidando a todos para fazerem uma prece.

Os três se deram as mãos e elevaram seus pensamentos a Deus, pedindo a misericórdia divina para Fábio, Telma e a todos os envolvidos. Pouco depois, uma chuva de energia dourada tomou conta do ambiente, trazendo nova esperança para aqueles corações que procuravam a paz de Deus, terminando, assim, mais uma noite para aquela família, que, sentindo os efeitos benéficos da prece, foi descansar.

Beth olhou-se no espelho e fez caras e bocas. O tédio tomara conta da moça nos últimos dias, mas ela pensava que precisava reagir para não cair em depressão. No entanto, o máximo que havia conseguido fora passar na videolocadora e alugar pela milésima vez a fita do filme *Uma linda mulher*, uma comédia romântica que conta a história de uma garota de programa que se apaixona por um milionário e acaba vivendo uma linda história de amor.

1- Frase proferida por William Shakespeare.

Com a fita na mão, Beth foi para a sala. Não iria trabalhar naquela noite, pois decidira fugir um pouco das ruas. Vendo o irmão assistindo à novela, sentou-se ao lado de Pedro e disse:

— Aluguei um filme. Espero que não se importe de assisti-lo.

— Aposto que é um daqueles melodramas que você adora, em que a mocinha, depois de sofrer desesperadamente, acaba feliz ao lado do amado!

Beth riu prazerosamente mostrando a capa da fita para o irmão.— *Uma linda mulher* de novo? Você o assistirá sozinha! Vou aproveitar para ler um livro para o papai.

Beth suspirou profundamente. Sentia pena do irmão, que vivia para proporcionar bem-estar ao pai.

— Papai não esboça nenhuma melhora. Às vezes, fico pensando se não seria melhor que Deus o levasse de vez, pois assim acabaria o sofrimento dele!

— Não fale bobagens! Eu não quero que papai morra. Se você está cansada de cuidar dele, deixe tudo por minha conta!

— Mas isso é egoísmo! Eu não estou cansada de cuidar dele, mas querer que papai viva de forma vegetativa, só para eu estar próxima dele, é errado. Ponha-se no lugar dele, Pedro. Se eu pudesse escolher, escolheria a morte!

— Você faria isso, mas nem eu nem papai faríamos! Ele sempre foi um homem cheio de vida. Tenho certeza de que ele prefere manter-se vivo — Pedro levantou-se abruptamente, pegou um livro na estante e foi para o quarto do pai, deixando a irmã absorta em seus pensamentos.

⁓⁓⁓

Clara entrou em casa nervosa. Ao notar a expressão agressiva da filha, Marília decidiu questioná-la, o que há muito não fazia para evitar brigas desnecessárias.

— O que aconteceu? Você parece carregar os problemas do mundo nas costas.

— Todos! — respondeu Clara com ar de pouco caso.

Ignorando o jeito petulante da moça, Marília abriu um sorriso dizendo amorosamente:

— Sente-se, filha! Precisamos conversar!

Clara pensou em ir para seu quarto, mas o jeito manso de falar da mãe a fez sentar-se perto dela.

Notando a filha mais desarmada, Marília prosseguiu:

— Sei por que está assim. Você não conseguiu descobrir nada sobre seu pai, não é isso?

Clara fez uma expressão de espanto ao responder:

— Como a senhora sabe? — questionou a jovem, que, após alguns segundos de meditação, tornou: — César! Só pode ter sido aquele fofoqueiro de uma figa!

— Não fale assim de seu irmão! Eu estava passando pelo corredor e a ouvi conversando com um amigo. Não falei nada, mas coloquei um detetive particular para procurar seu pai. Se ele ainda estiver vivo, logo, logo você poderá revê-lo!

Clara abriu e fechou a boca. Nunca imaginara que sua mãe seria capaz de ajudá-la. E, com um ar de desconfiança, perguntou:

— Por que resolveu me ajudar, se há pouco tempo não queria nem que eu falasse em meu pai?

— Vontade de vê-la feliz! Tenho pensado bastante e cheguei à conclusão de que não posso nem devo impor minhas vontades a você. Há muita coisa a respeito de seu pai que você desconhece, e eu sempre poupei você e seu irmão disso. Mas, se quer tanto conhecê-lo, farei sua vontade.

Marília fez uma ligeira pausa e continuou:

— Mas desde já, a advirto de que deverá assumir as consequências do desejo de conhecer seu pai... Portanto, Clara, se prepare para conhecer o senhor Otávio. Assim que o detetive o encontrar, farei questão de levá-la pessoalmente até ele.

Clara calou-se, beijou o rosto da mãe e foi para seu quarto, pensando: "O que será que meu pai fez de tão grave? Ele era tão doce comigo! Não posso acreditar que ele seja uma má pessoa. Não! Mamãe está errada. Ela errou quando se separou dele e não admite isso, portanto quer que ele passe por ruim. Bem, se for verdade que ela contratou um detetive para localizá-lo, logo estarei em seus braços!".

Clara sentiu-se mais animada e com esperanças de reencontrar Otávio, sem saber que o destino lhe pregaria uma boa peça. A jovem, então, deitou-se na cama e ficou pensando no tão sonhado reencontro.

Os dias passavam arrastados para Paulo, pois aquele caso estava acabando com sua saúde física e mental. O delegado lhe cobrava serviço, e os repórteres corriam ao seu encontro feitos abutres em cima de carniça, todos querendo respostas para a sociedade.

— Você está sendo omisso, Paulo. Por mim, já teríamos chamado o tal Mário para depor e tirado seu couro até que ele nos contasse onde o diabo do irmão se escondeu.

— Nós não estamos mais na década de 1970, e o pau de arara não existe mais. E depois, não temos provas contra Fábio! Temos apenas o depoimento da Elza, que consegui obter com muito custo. E outra coisa! Qualquer advogadinho de porta de cadeia consegue um *habeas corpus* para Fábio no mesmo dia. E você sabe disso tão bem quanto eu!

— O que sei é que estamos andando em círculo. Esse psicopata deve estar se divertindo à nossa custa!

— Não duvido! — interpelou Roberta, uma jovem loira de olhos azuis, que deixava a maioria de seus colegas de trabalho caidinhos por ela.

Não gostando nada da intromissão da colega, Paulo retrucou:

— Agora vai se meter no caso dos outros? Acaso não tem nada com que se preocupar?

— Sim, com esse caso! Acabei de entrar, sob ordens expressas dos chefões.

Paulo mordeu os lábios em sinal de nervosismo. Detestava a petulância daquela aprendiz de pantera cor-de-rosa e ter de aturá-la era tudo o que ele não queria.

— Não precisa me dar as boas-vindas, Paulo. E não se preocupe, pois já sei tudo sobre o caso. Sei também que esse psicopata está diretamente ligado com as garotas da Rua Augusta. Na certa, é alguém conhecido das meninas, então, vou fazer uma varredura em todos que trabalham indiretamente no local. Comerciantes, flanelinhas etc. Paulo não respondeu. Roberta até poderia ser melhor que ele na parte teórica, mas não na prática, e com esse pensamento ele deixou a sala do delegado. Agora mais do que nunca, precisava seguir sua intuição, que o levava direto à casa de Fábio.

Caía a tarde, quando Mário parou seu automóvel e saltou para abrir a porta da garagem. Estava tão distraído, que não percebeu uma figura masculina aproximar-se.

— Você deveria ser mais cauteloso, meu rapaz. Nunca deixe o carro ligado com a chave na ignição, enquanto abre a porta da garagem!

— O senhor me assustou — comentou Mário para o investigador, que, ignorando as palavras do rapaz, tornou:

— Sou um policial e minha obrigação é alertar a população sobre suas mazelas. Bem... será que poderia me convidar para entrar? Sabe como é... ando muito popular ultimamente e não quero que ninguém nos veja conversando.

— Claro! Entre, enquanto guardo o carro! — respondeu Mário já refeito.

Depois de estacionar o carro, Mário conduziu Paulo ao interior da casa.

— Seu irmão ainda não voltou das férias? — questionou Paulo já na cozinha, onde para Mário o conduzira para tomar um café.

— O senhor toma café? Como pode ver, estou chegando do serviço agora e não há mais ninguém nesta casa, então farei um bom café para conversarmos de forma mais amigável.

Paulo não respondeu a Mário, que se mostrava educado e astuto, tentando, na certa, ganhar sua confiança. Decidido a fazer o jogo do rapaz, Paulo pôs-se a esperar o café sem nada dizer.

— O senhor acredita em espíritos? — perguntou Mário, enquanto servia uma xícara de café a Paulo.

— Nunca me interessei por essas histórias de fantasmas. Mas por que a pergunta?

— Se eu lhe disser que sou médium, que consigo me comunicar com o mundo dos mortos e que, portanto, posso ajudá-lo a elucidar esse caso, o senhor acreditaria nisso?

Paulo deu uma gargalhada. "Era só o que me faltava! Estou procurando um psicopata e encontro um esquizofrênico! Se aquela sem graça da Roberta souber disso...", pensou Paulo, meneando a cabeça. Ao perceber que Mário o fitava, respondeu:

— Sou um homem que trabalha com fatos, não com ilusões.

140

Mário respirou fundo. Precisava ter muita cautela para não cair em descrédito, uma vez que Paulo demonstrava ser cético quanto ao assunto. Após pigarrear, no intuito de ganhar tempo e encontrar as palavras certas, o rapaz contou com detalhes o encontro que tivera com Telma, fazendo o investigador prestar bastante atenção à sua narrativa.

— Vejo que está bastante inteirado do assunto, pois sabe até da existência do amante da moça... Dessa forma, me responda uma coisa: se Telma virou um fantasma, logo, ela poderia ir a qualquer lugar, não? Afinal, se dizem que os espíritos podem estar em toda parte, então por que ela não vai investigar o caso, descobre quem é o assassino e lhe conta em seguida?

— Telma ainda está em estado de perturbação. O perispírito da moça está bastante debilitado, uma vez que ela ainda vive as tormentas de seu desencarne. Ela está recebendo auxílio dos espíritos esclarecidos sem perceber, pois não aceita ajuda. Além disso, a providência divina faz tudo acontecer em seu tempo exato, visando sempre ao bem de todos os envolvidos.

Paulo esboçou um meio sorriso, pensando que Mário era um lunático e que não poderia ser levado a sério. E com esse pensamento, o policial pôs a xícara sobre a mesa, fazendo menção de sair.

— Desculpe-me, mas, como lhe disse, sou um homem de fatos que possam ser comprovados.

Mário, que já esperava aquela reação do policial, o fitou com um brilho indefinido no olhar antes de responder:

— Sei disso e não esperava outra reação do senhor. Bem... Telma me disse que tem uma amiga, cujo nome é Mila. Ela falou que, poucas horas antes de ser assassinada, deu uma corrente de ouro com um pequeno pingente a essa moça.

Paulo suspirou fundo e, após esboçar um parco sorriso, respondeu:

— Vou procurar essa tal Mila e, se eu comprovar essa história, voltarei a procurá-lo. Agora, só um conselho: seu irmão deve aparecer o mais rápido possível, senão estará em maus lençóis. Passar bem!

O policial levantou-se. Mário acompanhou-o até a porta e despediu-se amigavelmente de Paulo, com a certeza de que ele voltaria em breve a procurá-lo.

Capítulo **9**

Beth entrou no shopping e parou em frente à primeira loja de grife. Ao ver um belo vestido preto, hesitou por alguns segundos. O dinheiro estava cada dia mais escasso, pois as ruas já não estavam tão lucrativas. Muitas garotas de programa já evitavam circular por aquelas bandas, com medo não só do maníaco, mas da imprensa também, que vivia fazendo reportagens na região, tentando montar as cenas dos crimes, o que lhe garantia vultosa audiência. "Não vou dormir sem esse vestido!", disse a si mesma e entrou na loja, onde a vendedora a tratou com especial atenção.

Ao sair do local, fechou os olhos. Por segundos, sentiu-se a própria Julia Roberts do filme *Uma linda mulher*, chegando a se esquecer do motivo que a levara até ali. Beth só se deu conta do motivo de estar no shopping, quando avistou a cafeteria na praça de alimentação e de longe notou a irritação de Paulo, que já estava com a segunda xícara de café à sua frente.

Ao vê-la aproximar-se segurando as sacolas de compras, Paulo não se conteve e disse à queima-roupa:

— Eu já estava imaginando! Que bela ajudante eu arrumei! Uma ajudante que me deixa plantado, enquanto faz compras como se estivesse de férias em Milão! Sinto ter de lembrá-la, mas tenho mais o que fazer da minha vida e estou muito cansado!

Beth sentou-se à frente de Paulo e, colocando as sacolas no chão, respondeu:

— Boa noite para você também! Desculpe-me o atraso, mas é que vi um vestido lindo e não consegui resistir. Da próxima vez, marque um encontro em um lugar longe de lojas femininas!

Paulo irritou-se ainda mais e respondeu asperamente:

— Sabia que às vezes penso que a maioria de vocês está nessa vida por serem fúteis e vaidosas? Não conseguem viver de forma simples, dentro de suas posses!

— Isso é o que você acha! E acredite que não estou nem um pouco preocupada com o que você pensa ou deixa de pensar a nosso respeito! — respondeu a jovem no mesmo tom de voz.

— Ok! Não vou discutir com você. Não foi para isso que eu a chamei aqui... Por acaso, Telma lhe deu algum presente antes de ser assassinada?

— Eu e Telma éramos muito amigas, quase irmãs. Vivíamos trocando gentilezas. O último presente que ela me deu foi uma correntinha de ouro com um pingente que guardo em minha bolsa. Ela disse que era para me dar sorte... Mas por quê?

Paulo ficou pensativo e respondeu com outra pergunta:

— Alguém sabe desse pingente?

— Não! Eu não falei com ninguém sobre isso. E acho que Telma também não falou, pois isso aconteceu pouco antes de sua morte. Mas por que você quer saber disso? Estou curiosa!

— Estive na casa de Fábio hoje à tarde, mas ele ainda não apareceu. Conversei com o irmão, um rapaz bem-apessoado e educado. Ele é médium e me disse que o espírito de Telma está na casa dele, querendo ajudar a descobrir quem a matou. Eu não acreditei, é claro! Ele, no entanto, percebendo minha indiferença, informou que Telma lhe pedira para cuidar bem desse pingente.

Beth ficou sem palavras. Vendo que a moça não pronunciara uma sílaba, Paulo a chamou à realidade perguntando:

— O que você acha disso?

— Bem... eu acredito em vida após a morte, só não imaginava que Telma estivesse tentando se comunicar conosco.

Paulo contou em detalhes a conversa que tivera com Mário, fazendo a moça vibrar a cada palavra. Quando ele terminou, Beth comentou empolgada:

— Esse rapaz parece ser boa gente! Quero conhecê-lo. Se Telma realmente estiver em contato espiritual com ele, eu certamente saberei. O que você acha?

Paulo pensou um pouco e em seguida respondeu:

— Esse procedimento não é correto. Você é minha informante, e ele é irmão do suspeito. No entanto, a cada dia que passa, sinto que esse caso não tem nada de normal. Parece até que os espíritos querem nos ajudar! Primeiramente, você foi a uma mãe de santo e encontrou uma testemunha que nos ajudou bastante...

— Cartomante! Fui a uma cartomante! — interrompeu Beth, corrigindo Paulo, que, sem se importar, continuou:

— Que seja! Bem, embora eu não acredite muito nessas coisas do além-túmulo, tudo leva a crer com essa história do espírito de Telma que haja alguma força espiritual nesse caso! Por esse motivo, vou levá-la até Mário. Só assim saberemos se Telma está viva em outra dimensão e se quer nos ajudar realmente!

— Isso, marque logo um encontro com esse médium! Eu vou adorar conhecê-lo! Agora tenho que ir. A noite está começando, e preciso recuperar o dinheiro gasto com este vestido.

Beth despediu-se de Paulo, que continuou sentado pensando em como solucionar aqueles crimes que tanto mexera com o seu espírito.

Júlia estava lendo uma revista, quando a empregada a interrompeu, dizendo:

— Dona Júlia, tem um senhor querendo falar com o doutor Adalberto. Ele se apresentou como Paulo e diz ser investigador de polícia. Posso mandá-lo entrar?

Júlia levantou-se de sobressalto. Não conseguia imaginar o que um policial desejava falar com seu marido. E, voltando-se para a empregada, respondeu:

— Mande-o entrar. Não devemos nada à polícia — Júlia foi ao escritório, onde encontrou o marido lendo alguns papéis. Ela o informou sobre a visita do policial, o que o fez levantar-se e tentar ocultar da mulher a contrariedade em relação àquela visita.

— Bom dia, em que posso ajudá-lo? — perguntou Adalberto ao se aproximar do policial, que, lhe estendendo a mão, respondeu em seguida:

— Eu gostaria de conversar com o senhor em particular. Pode ser? — Claro! — respondeu Adalberto, aliviado pela discrição do investigador.

Após conduzir o policial ao escritório, Adalberto ofereceu-lhe uma cadeira dizendo:

— Agora podemos conversar a sós. Diga-me! O que o traz aqui?

— Suponho que o senhor tenha conhecimento sobre os crimes que aconteceram na Rua Augusta...

Adalberto pensou um pouco e em seguida respondeu em tom desinteressado:

— Eu ouvi qualquer coisa na televisão, mas por que a pergunta?

— O senhor conheceu Telma dos Santos? — perguntou Paulo, ignorando a indagação de Adalberto, o que o fez responder prontamente para não levantar suspeitas.

— Não! Sou um homem casado e muito bem casado, por sinal. Nunca tive qualquer envolvimento com garotas de programa.

— O senhor tem certeza disso?

— Claro! E não estou entendendo aonde o senhor quer chegar com essa conversa!

— Tenho informações que me levaram a crer que o senhor teve um envolvimento amoroso com Telma e por isso estou aqui. Mas, já que não a conhece, creio que eu esteja equivocado. Agora tenho que ir... No entanto, caso se lembre de alguma moça com esse nome, nem preciso lhe dizer que deve me procurar.

Paulo tirou um cartão do bolso e o ofereceu a Adalberto:

— Tenho certeza de que nunca vi essa moça, mas, se souber de alguma coisa, eu o procuro. Passar bem! — respondeu Adalberto, guardando o cartão no bolso.

Paulo saiu do escritório e foi acompanhado até a porta por Adalberto, que, ao vê-lo sair, suspirou fundo. Em seguida, ele voltou ao escritório sem parar para responder às indagações de Júlia, que, nervosa, foi até a casa da vizinha para desabafar.

Júlia chegou à casa de Marília e, após bater com insistência, foi atendida por César. Vendo-a nervosa, o rapaz abriu a porta imediatamente, deixando-a ir até a sala onde Marília e Olga bordavam juntas.

Após cumprimentá-las, Júlia olhou para Marília e disse:

— Desculpe eu entrar aqui desse jeito, mas preciso conversar!

Ao ver a vizinha trêmula e pálida, Marília levantou-se rapidamente e disse à irmã:

— Olga, continue com o bordado! Vou conversar com Júlia em meu quarto. Com licença.

As duas foram para o quarto. Vendo-se a sós com a amiga, Marília perguntou:

— O que houve? Você está nervosa! Não me diga que brigou com Adalberto!

— Não! Pior que isso! Um investigador de polícia acabou de sair de minha casa. Ele e Adalberto se trancaram no escritório para conversar, e eu fiquei ouvindo o que eles estavam falando atrás da porta...

— Júlia, o que é isso?! Não fique controlando seu marido o tempo todo! Onde já se viu ficar ouvindo conversa atrás da porta?

— Eu sei que errei, mas ouvi e estou nervosa demais! Por favor, não me repreenda! O investigador perguntou a Adalberto se ele conhecia uma das moças mortas pelo maníaco! Ele disse que nunca saiu com prostitutas, mas é mentira! Ele mentiu! Conheço Adalberto. Quando o policial saiu, ele ficou nervoso. Ele conhecia a tal moça, e agora minhas suspeitas aumentaram...

— Que suspeitas? — perguntou Marília curiosa.

149

Júlia respirou fundo e, em seguida, respondeu em tom baixo:

— Eu acho que Adalberto é o tal maníaco! Em todas as noites que ele passou fora, uma garota de programa foi assassinada. E com a reação dele de hoje, minhas suspeitas aumentaram.

— Acalme-se, Júlia! Você não pode acusar seu marido somente por causa de hipóteses. E, por favor, não saia falando essas coisas por aí!

— Eu não! Apesar de eu achar que o que está acontecendo é bem feito para essas moças, Adalberto é meu marido! Mas, se minhas desconfianças se confirmarem, eu o entregarei à polícia. Pode ter certeza disso!

— Júlia, como pode falar assim dessas moças?

— E quer que eu fale como? Coitadinhas dessas santas? É bem feito sim! Quem manda sair por aí vendendo o corpo, arrasando lares de bem, saciando os desejos sexuais de homens casados, agindo com leviandade e de forma promíscua e disseminando doenças?

— Não diga isso! Não se esqueça de que Cristo não condenou ninguém. Ele nos mostrou que devemos amar o próximo, seja ele quem for. E depois, elas não estão tão erradas assim. Apesar de não ser correto o fato de elas se venderem, nenhuma dessas moças bate de porta em porta se oferecendo. São os homens quem as procuram e pagam por seus serviços. Para elas tanto faz se são casados ou solteiros. O que importa é que eles pagam para ter prazer.

Júlia ficou pensativa, mas concluiu que Marília estava certa. Ela não podia jogar a culpa do fracasso de seu casamento nas meretrizes. Portanto, se seu marido procurava na rua o que não encontrava em casa, a culpa era somente dela.

— Desculpe! Falei bobagem a respeito dessas moças, mas não sobre Adalberto. Vou ficar de olho nele. Se ele realmente for o assassino, eu mesma irei denunciá-lo pessoalmente.

Júlia pôs-se a chorar um pranto sentido que vinha da alma e ficou nesse estado por um longo tempo. Ao vê-la mais calma, Marília a convidou a juntar-se a Olga, que lhe ensinou a fazer tricô. As três mulheres, então, ficaram em palestra animada, esquecendo-se momentaneamente de seus dramas particulares.

Michele andava pelas ruas de São Paulo rumo ao seu local de trabalho, sem se preocupar com nada. A jovem parou em uma farmácia, comprou alguns medicamentos e saiu.

A noite já ia alta, quando Michele finalmente chegou ao bar de seu Nelson. Ela olhou à sua volta e fez uma expressão de desagrado ao ver Beth sentada em um banco próximo ao balcão. Procurando ignorá-la, chamou o dono do estabelecimento, que, ao vê-la, abriu um sincero sorriso.

— Boa noite, seu Nelson! O senhor poderia guardar essas sacolas para mim?

Sem querer, Beth olhou para a moça e viu quando ela deixou o grande embrulho com o nome da farmácia.

151

— Nossa! Quantos remédios, querida! Por um acaso, está com algum problema ginecológico?

Michele irritou-se e pensou em revidar, mas não estava com disposição para brigar. A moça olhou para Nelson, pediu-lhe uma cerveja e, sentando-se ao lado de Beth, respondeu finalmente:

— Queridinha, não lhe devo explicações, mas, já que está tão preocupada com meu bem-estar, vou desapontá-la! Estou muito bem de saúde. Esses remédios são para minha mãezinha, que é muito doente!

Beth sentiu um nó na garganta. Pela primeira vez, estava entrando na intimidade da colega, que estava desarmada e sentindo vontade de estreitar os laços de amizade. Ela, então, questionou:

— Você mora com seus pais?

— Moro com minha mãe. Meu pai nos abandonou quando eu tinha sete anos, e minha mãe começou a trabalhar para fora. Lavava e passava roupas para os vizinhos, garantindo, assim, nosso feijão. Eu cresci ajudando-a e parei de estudar no primário. Quando completei dezoito anos, arranjei um emprego de balconista em uma loja. Não ganhava muito, sabe? Mas dava para ajudar nas despesas e começar a sonhar com uma vida digna. Voltei a estudar, trabalhava de dia e estudava à noite, até que minha mãe adoeceu. A princípio, era o diabetes que estava descontrolado, mas depois algumas feridas na perna a fizeram parar de trabalhar. Passamos por muitas dificuldades. Os remédios eram caros, e o que eu ganhava mal dava para comprá-los. Até que minha pobre mãezinha teve de amputar o pé esquerdo, pois tinha dado gangrena. Fiquei desesperada, pois não condições de tratá-la decentemente e não tinha família a quem recorrer. Foi quando decidi vir pra cá e é isso que garante até hoje uma vida tranquila à minha mãe.

Michele deixou algumas lágrimas correrem por sua face. A moça tomou um gole de cerveja, o que a fez se recompor. Após ouvir o relato da colega, Beth comentou:

— A vida sempre nos prega peças. Sabe o que eu acho? Que somos fracas! Sinto que já tive outras vidas nesta mesma situação e que, de certa forma, Deus nos coloca em situações difíceis para nos testar. E o pior é que sempre sucumbimos!

— Às vezes, também penso dessa forma. Não sou religiosa, mesmo porque se eu fosse provavelmente não estaria aqui. Mas, há momentos em que acredito nessa história de reencarnação. Nunca me esqueço da primeira vez em que estive aqui. Quando olhei as meninas se insinuando para os homens, negociando preços, tive a sensação de já ter feito isso antes, de já fazer isso há anos. Tanto é que praticamente não tive dificuldades com o primeiro cliente.

Michele tomou mais um gole de cerveja e em seguida se levantou, ofereceu a mão a Beth e disse:

— Nós nunca nos demos bem, mas hoje sinto que podemos nos tornar grandes amigas. Que tal colocarmos uma pedra no passado?

Beth apertou a mão da moça. Já não tinha mais com quem contar e, ao conversar com Michele, percebera que ela não era tão antipática quanto parecia. — Ótimo! A partir de agora, começaremos uma nova amizade!

As duas se abraçaram. Michele saiu em seguida, deixando sua nova amiga no bar. Minutos depois, uma figura conhecida aproximou-se da jovem, que perguntou surpresa:

— Clara! O que você está fazendo aqui?

A moça sentou-se e respondeu alegremente:

— Não tinha nada para fazer em casa, então decidi dar uma volta e acabei passando por essa rua. Lembrei que você havia dito que, quando não estava em serviço, ficava aqui neste bar. Então, decidi visitá-la!

Beth riu gostosamente, respondendo em seguida:

— Você é louca! Se uma das meninas achar que você está querendo se vender, você está frita!

— Eu sei! Uma delas me parou na calçada e perguntou o que eu estava querendo aqui! Eu, então, respondi que era sua amiga, não era do ramo e que estava à sua procura para lhe dar um recado. Quando falei seu nome, o tratamento mudou. Daí, não tive mais problemas. Percebi que você é muito respeitada por essas bandas, Beth!

— Psiu! Meu nome por aqui é Mila! Não se esqueça disso!

— Desculpe! É força do hábito, Mila!

— Está desculpada, mas tome cuidado neste pedaço. Sou respeitada por aqui sim. Nenhuma das meninas se atreveria a mexer com você, sabendo que é minha amiga. Mas não é só isso. Você sabe que há um maníaco à solta por aqui. Ele pode achar que você é uma das nossas, e não quero nem pensar...

Beth bateu a mão no balcão três vezes. Clara riu com o gesto da amiga, dizendo:

— Quanto a isso, não se preocupe! Eu não lhe falei nada, porque fiquei sem graça... Segundo a polícia, o provável assassino é meu primo, embora eu não acredite nisso. Mas, se for ele, eu não corro perigo!

— Fábio é seu primo? Meu Deus, que loucura! Isso significa que o tal médium, Mário, também é!

— Você conhece os dois? — perguntou Clara surpresa.

— É uma longa história. Não deveria, mas vou lhe contar.

Beth contou o que havia acontecido, enquanto Clara ouvia tudo abismada. Quando a moça terminou de falar, ela considerou:

— Que mundo pequeno! Eu sabia que Mário era excêntrico e que falava com espíritos. Até minha mãe e meu irmão estão frequentando o tal centro espírita onde ele trabalha, mas essa eu não sabia — Clara ficou pensativa. Nunca se interessara em aprender algo sobre a espiritualidade, mas, diante do que ouvira, decidira investigar.

— Façamos assim! Na próxima terça-feira, iremos ao centro. Se essa história for verdade, descobriremos. Afinal de contas, ninguém conhece você e nem sabe sua profissão. Portanto, se Telma se comunicar com você, será mais fácil acreditar. Agora vou para casa. Já está tarde, e minha mãe pode estar preocupada.

— Vou acompanhá-la até um ponto de táxi, assim fico tranquila.

As duas saíram do bar, e Beth caminhou com Clara até a Rua da Consolação. Após ver a amiga entrar no automóvel, voltou para seu local de trabalho, para mais uma difícil noite de incertezas e apreensão.

Capítulo **10**

Clara entrou em casa animada e, ao ver a mãe sentada no sofá à sua espera, disse alegremente:

— Boa noite, mãe! Desculpe pelo tardar das horas! É que saí com uma amiga e a conversa estava tão boa que acabei perdendo a noção do tempo.

— Não se preocupe, afinal não está tão tarde assim! Você é jovem, tem de se divertir.

Clara sentou-se ao lado da mãe. Marília achou estranho o comportamento da filha, mas não quis questioná-la.

— Mãe, a senhora acredita mesmo nessa história de espíritos? Marília achou a abordagem da filha suspeita, mas, querendo manter uma conversa saudável com a jovem, se voltou para ela dizendo:

— Estou frequentando as reuniões na casa de Luiz e, a cada dia que passa, estou mais convencida da existência de vida após a morte física! Mas por que a pergunta?

— Nada de mais! É que eu estava com a Beth, e sem querer tocamos no assunto. Como nós duas não conhecemos quase nada a respeito do espiritismo, combinamos de ir juntas à casa de Luiz na terça-feira. O que acha disso?

— Acho que vocês deveriam ir. Faço questão de que Beth venha para cá. Assim, iremos os quatro à sessão!

— Ótimo! Está combinado!

Clara deu um beijo no rosto da mãe e foi para seu quarto. Marília sentiu-se bem, pois ela e a filha finalmente estavam começando a se entender, o que a fez ir para a cama mais contente.

A noite passou tranquila naquele lar, onde, apesar dos problemas e das dificuldades, existia um amor sincero que os unia cada vez mais.

✦

Os dias passaram rapidamente. Na terça-feira, Beth chegou à casa de Clara às seis horas da tarde. Marília a recebeu com carinho, e as duas puseram-se a conversar, enquanto Clara terminava de se arrumar. O clima amistoso entre as duas fez a casa ficar mais alegre.

Quando Clara chegou à sala, Marília deixou as duas amigas a sós e foi preparar um lanche. Em seguida, César chegou em casa.

Ao passar pela sala, o rapaz viu a irmã conversando animada com a amiga e aproximou-se das moças, perguntando:

— Boa noite, Clara! Você não vai me apresentar à sua amiga?

— Claro! Beth, este é meu irmão César!

Beth levantou-se para cumprimentar o rapaz. César aproveitou para dar uma boa olhada nela e, por instantes, teve a sensação de conhecê-la. O coração do rapaz disparou, mas ele não disse nada. Após algumas palavras amistosas, deixou-as sozinhas e foi se arrumar para a reunião de logo mais. Quando voltou, as moças já estavam na cozinha na companhia de Marília.

Sentindo o cheiro gostoso da torta que Marília acabara de fazer, César aproximou-se dizendo:

— Que bonito! Vocês iam comer essa torta deliciosa sem me chamar!

Clara respondeu:

— Ora, maninho! Se nós o chamássemos, não sobraria nada!

César sentou-se ao lado das moças, serviu-se e dirigiu-se à mãe, perguntando:

— Como está tia Olga?

— Eu falei com ela há pouco. Amanhã, ela voltará para cá. Sabe como é... Mário é homem e, por mais que tente deixar tudo em ordem em casa, sempre esquece uma coisa ou outra para fazer. Por isso, ela decidiu passar alguns dias em casa e cuidar de seus afazeres.

— É bom! Assim ela ocupa a mente e não fica tão preocupada com Fábio — comentou Clara.

— Concordo! Tia Olga é muito dramática. Fábio já ligou dizendo que voltará logo, mas mesmo assim ela não sossega!

— César! Não fale assim de sua tia! Vamos comer sossegados! Coitada de Beth! Até ficou muda e perdida nesse conluio familiar!

Beth esboçou um sorriso, e os quatro continuaram a refeição em silêncio. Assim que terminaram de comer, foram à casa de Luiz, que recebeu o grupo com alegria.

Faltavam ainda alguns minutos para o início dos trabalhos, quando Clara e Beth se sentaram em um banco próximo à mesa dos médiuns. Em seguida, Marília e César também se sentaram à mesa.

Ao ver Marília e César em meditação, Beth comentou em tom baixo:

— Sua mãe e seu irmão trabalham como médiuns na casa, e você nunca veio aqui?

— Você sabe que eu e minha mãe temos nossas diferenças, por isso nunca me interessei pelas coisas dela... Mas há sempre uma primeira vez!

As duas se calaram, e Luiz abriu os trabalhos pedindo a presença dos espíritos de luz. As luzes se apagaram. Marília abriu *O Evangelho Segundo o Espiritismo* aleatoriamente, leu um trecho, e Mário fez uma breve reflexão sobre o assunto. Beth e Clara observavam todos os detalhes.

Pouco depois, os espíritos começaram a dar seus depoimentos por meio dos médiuns. Clara ficou abismada quando viu um espírito falar por meio de seu irmão.

A sessão foi encerrada pelo mentor espiritual da casa, que fez uma belíssima prece de agradecimento a Deus pela oportunidade dada. Beth sentiu em seu coração uma paz inigualável. Quando as luzes se acenderam, Luiz caminhou em direção às moças e disse:

— Espero não as ter desapontado!

As duas se entreolharam. Clara, então, perguntou:

— Desculpe, mas não entendi!

O rapaz esboçou um singelo sorriso ao falar:

— A espiritualidade não é nenhuma brincadeira. Aqui, fazemos um trabalho sério. Nossos mentores procuram agir sempre com discernimento. Não estamos aqui para provar nada a ninguém, e sim para esclarecer e ajudar. O espírito que vocês vieram procurar, infelizmente, não está aqui, pois nossos mentores não conseguiram trazê-lo para cá.

— Como assim? Vocês não podem trazê-lo à força? — perguntou Beth, abismada com o que acabara de ouvir.

— Não! Respeitamos a vontade de cada ser. O espírito de sua amiga já foi convidado a vir à nossa casa, mas se recusou. Vamos fazer uma reunião extra na casa de Mário na próxima semana. Vocês estão convidadas!

Luiz saiu para falar com outras pessoas que estavam no local, deixando Beth e Clara sozinhas. Pouco depois, Marília e César aproximaram-se das moças.

Beth comentou:

— Eu me senti tão bem durante a reunião... Agora consigo entender o porquê de vocês trabalharem como médiuns. Deve ser bom!

161

— Na verdade, é gratificante, desde que você tenha em mente que o fato de estar trabalhando sua mediunidade não o torna melhor que os outros — respondeu César, sem tirar os olhos da moça, que, percebendo as flertadas do rapaz e um tanto sem graça, desviou o olhar.

Depois de se despedirem de todos do local, os quatro foram para casa. No trajeto de volta, Clara e Beth ficaram cochichando no banco de trás.

Minutos depois, César parou o carro na garagem de casa, e todos entraram conversando. Marília foi preparar um leite quente, enquanto Clara e Beth conversavam animadamente sobre espiritismo na sala.

Levando uma bandeja com leite e bolachas, Marília juntou-se ao grupo. Clara, então, comentou:

— Beth e eu temos algo a dizer a vocês. Nós não fomos à reunião de Luiz só por curiosidade...

Após sorver um gole da bebida quente, Marília indagou:

— Então falem! Vocês ficaram cochichando o tempo todo!

— Bem, vou direto ao assunto!

— Deixe que eu falo, Clara! — interveio Beth.

— Estou ficando curioso — comentou César. — Acabem logo com esse suspense!

— A senhora sabe que Clara e eu somos amigas na faculdade, mas o que não sabe é que...

No intuito de adquirir forças para continuar, Beth respirou fundo. Enquanto esteve no centro espírita, ela sentiu a necessidade de contar para aquelas pessoas, que a acolheram com tanto carinho em seu seio familiar, sobre sua vida dupla. Ao notar que os olhos de Marília e César a fitavam, Beth prosseguiu:

— Bem... vocês devem ter ouvido algo a respeito do maníaco da Rua Augusta, não ouviram? Ouviram algo a respeito de uma moça chamada Telma?

Os dois balançaram a cabeça em sinal positivo, então, Beth continuou:

— Eu sou garota de programa. Meu nome de guerra é Mila. Sou amiga de Telma, e foi por isso que eu e Clara fomos ao centro hoje!

César olhou para a mãe, que lhe retribuiu o olhar. Os dois não conseguiram articular uma palavra ante a revelação inesperada da moça, que, notando o silêncio entre os dois, comentou em tom melancólico:

— Bem! Agora, vocês já sabem quem eu sou e o que eu faço. Não se preocupem com nada, pois prometo não vir mais aqui. Sei que não sou digna de frequentar a casa de uma família de bem como a de vocês. Agora, se me derem licença, vou para minha casa.

Beth levantou-se, pegou a bolsa e já ia saindo, quando Marília se levantou e disse:

— Quem lhe disse que não é digna de estar em qualquer lugar?

Beth parou. Marília aproximou-se da moça com os braços abertos e a abraçou, dizendo:

— Desde o primeiro momento em que a vi, senti que estava ganhando uma filha de coração. Você se mostrou educada, honesta, digna e respeitosa dentro de minha casa, e é isso o que importa. Quem somos nós para julgá-la e repudiá-la?

Beth chorou. Pela primeira vez em sua vida, sentiu-se valorizada, sem recriminação.

Após enxugar as lágrimas que insistiam em rolar pela face da jovem, Marília a fez sentar-se no sofá. E César, vendo que a moça já se refizera, comentou:

— Nós, seres humanos, somos pequenos demais para entender as razões da vida. Cada um conhece as dores e as delícias de seu modo de ser, e não há razão para discriminá-la.

César aproximou-se da moça, deu-lhe um beijo na face e disse:

— Boa noite e até amanhã!

Marília se despediu das duas moças, que ficaram conversando sobre outros assuntos.

Clara não percebeu quando Afonso se aproximou dela, levando-lhe fluídos benéficos, afinal, embora a jovem não fosse sua filha carnal, ele a tinha como filha de coração.

Assim a noite passou tranquilamente naquele lar abençoado pelas belas manifestações de amor demonstradas por Marília aos seus.

⁓⁓⁓

Paulo entrou na delegacia a passos largos, fugindo dos repórteres que tentavam a todo custo arrancar-lhe uma declaração. Ao vê-lo sôfrego, Roberta comentou:

— Vejo que por muito pouco não foi esmagado pela imprensa.

— Isso vai acabar logo! Estou muito perto de pegar esse maníaco!

— Pelo seu olhar, dá pra ver que está seguindo alguma pista bem quente!

Paulo mordeu os lábios levemente, fazendo um gesto que lhe era peculiar. Em seguida, olhou para a moça e, divertindo-se por dentro ao perceber que ela estava querendo saber detalhes de sua investigação, decidiu provocá-la:

— Minha pista é tão quente que está pegando fogo!

Roberta deu de ombros e, fingindo desinteresse, mudou o rumo da conversa:

— Soube que está pedindo ajuda espiritual para solucionar o caso... Acredite que eu não usaria meios tão *trashes* para resolver essa investigação!

Paulo a fitou demoradamente e respondeu em seguida:

— Aprendi ao longo dos anos que devemos seguir nossa intuição, e a minha me diz que estou seguindo o caminho certo. É você quem está muito longe ainda de aprender esses truques que só a vida nos dá!

— Nossa! Filosofando agora? — interpelou o delegado, que entrara na sala a tempo de ouvir a resposta de Paulo, que riu com o comentário feito pelo amigo.

— Que bom que os dois estão aqui, pois assim falarei de uma vez só! — comentou o delegado responsável pela investigação. Vendo-os compenetrados, ele continuou: — Vocês sabem que essa investigação está indo longe demais. Eu estou sendo cobrado por todos os lados e preciso que vocês realmente

165

trabalhem juntos, pois só assim solucionaremos esses assassinatos.

— Por mim, tudo bem... Mas desde que Paulo passe suas informações — respondeu Roberta.

— Eu não sei para quê você quer minhas informações, se não compactua com meus métodos! — revidou Paulo.

— Chega! A partir de hoje, vocês vão trabalhar em equipe, um apoiando o outro! Paulo calou-se. O delegado estava sendo taxativo, e o melhor que ele tinha a fazer era obedecer. Paulo, então, colocou Roberta e o delegado a par de suas investigações, sem lhes omitir nada, inclusive a visita ao centro espírita que faria no dia seguinte.

⤜⧜⧝⤛

Marília e Olga estavam conversando, quando Clara entrou em casa. Ao ver a sobrinha, Olga comentou:

— Você está com uma aparência horrível. Não dormiu essa noite?

— Quase nada, tia! Eu e Beth ficamos conversando e, quando nos demos conta, já estava quase na hora de levantarmos para ir para a faculdade.

— Beth falou a que horas vem hoje? — perguntou Marília.

— Eu marquei às seis e meia, já que a reunião foi marcada para as oito. Assim, ela lancha conosco!

— Ótimo!

— Vocês não disseram que essa tal sessão espírita, voltada para tirar o espírito da Telma lá de casa, era só para os interessados no caso? — questionou Olga com desdém.

— É por isso que Beth irá conosco, pois ela é amiga de Telma.

Olga ficou sem entender. Ao notar o olhar perdido da irmã, Marília pôs-se a saciar a curiosidade de Olga, contando-lhe tudo, sem lhe esconder nenhum detalhe.

Abismada, Olga ouviu a irmã. Assim que Marília terminou seu relato, Olga comentou pasma.

— Decididamente, vocês todos enlouqueceram! Primeiro, eu descubro que Mário trabalha com os espíritos e que você e César estão fazendo o mesmo. Depois, sou obrigada a acreditar que há um espírito de uma prostituta em minha casa e que ela está lá por causa de Fábio. Até então, acreditava que Clara e eu estávamos em condições mentais normais, mas agora fico sabendo que ela é amiga de uma moça de vida fácil. E que essa moça é amiga da outra, que está em minha casa como espírito! E o pior, minha irmã, é que você fala isso com naturalidade!

— Ora, Olga! E que mal há em tudo isso?

Olga irritou-se com a tranquilidade da irmã e respondeu de forma agressiva:

— Para começar, não acredito nessa história de espíritos! Em segundo lugar, essa tal de Beth nunca deveria ter entrado aqui! Na minha época, essas moças ficavam em inferninhos, nas "Casas da Luz Vermelha", e não se misturavam com moças de bem!

— Deixe de ser preconceituosa, Olga! Quando éramos jovens, a visão de vida era uma, hoje é outra!

O mundo evoluiu e, graças a Deus, para melhor. Hoje, as pessoas estão aprendendo a respeitar o próximo. Veja bem! Respeitar! E respeito significa aceitar o outro do jeito que ele é, sem colocar nossa opinião nisso. Beth é uma moça boa, e gostamos dela por isso. Quanto à sua forma de ganhar dinheiro, isso não é de nossa conta. Eu particularmente não a aprovo, mas quem sou eu para julgá-la e dizer o que é certo ou errado? De uma vez por todas, minha irmã, aprenda que cada um vive da forma que acha melhor! Não podemos mudar isso. Se Deus achar que há algo em nós que está errado e perceber que estamos maduros espiritualmente para mudarmos, tenha certeza de que a vida se encarregará de aplicar a lição certa para nosso aprendizado e nossa reforma íntima.

Olga levantou-se e tornou:

— Bem! Quem sabe um dia eu aprenda! Por hora, acho errado. Deixo essas ideias modernas para você, que, aliás, sempre pensou diferente de mim. Agora, se me derem licença, vou para o quarto! Quanto à reunião que acontecerá em minha casa esta noite, deixo claro que não comparecerei!

Olga saiu a passos largos. Vendo a tia afastar-se, Clara comentou:

— Tia Olga está revoltada com a vida. No fundo, eu entendo a forma dela de pensar. Eu mesma cansei de agir assim com a senhora! Hoje, entendo que estava errada.

Notando que Clara estava mais madura, Marília sorriu e comentou com certa satisfação íntima:

— Todos nós mudamos nossa maneira de ser e agir durante a nossa existência. É normal. Você, por exemplo, cresceu revoltada comigo por causa de seu pai. Quando eu me separei de Otávio, você era muito pequena e por isso não sabia que, apesar de ele ter sido um bom pai para vocês, Otávio não foi um bom marido para mim. Sei que em sua mente eu era a vilã e isso a fazia ter raiva de mim, mas agora você está me dando uma chance de mostrar quem eu realmente sou. E... quando descobrirmos onde seu pai está, você terá a oportunidade de saber quem ele é. Não que Otávio seja o pior dos homens, não é isso... mas você perceberá que eu e ele não temos nada em comum! Com isso, você entenderá minha atitude do passado!

— Eu aprendi muito com Beth. Por meio de seus relatos sobre infidelidade, ela me fez ver um lado da vida que eu não conhecia. Acho que isso me fez ver a senhora como mulher, cujos sonhos e sentimentos devem ter sido destruídos pelas traições de meu pai. A senhora estava certa, quando me chamou de egoísta. Sempre desejei que a senhora estivesse com meu pai, mas eu só pensava em mim e em como seria bom ter os dois comigo... E com isso eu me esqueci de Afonso, que sempre desempenhou comigo e com César o papel de pai. E apesar de tudo, eu cresci com tudo isso!

Marília abraçou a filha carinhosamente. Ouvir aquilo de Clara era o mesmo que receber a flecha da felicidade em seu coração de mãe.

Capítulo 11

Mário estava acabando os preparativos para a reunião, quando Luiz chegou. Ele recebeu o amigo com alegria, e os dois ficaram conversando sobre espiritualidade. Logo em seguida, chegaram Marília e os seus. Paulo foi o último a chegar e a juntar-se ao grupo.

Ao ver que todos os interessados no caso estavam presentes, Luiz chamou-lhes a atenção dizendo:

— Hoje, nós estamos aqui para ajudar o espírito de Telma. Eu só lhes peço para que a intenção de todos seja só uma: a de doar! E lembrem-se que é doando que se recebe.

Todos do grupo concordaram. Luiz, então, convidou-os a sentarem-se à mesa. Paulo acomodou-se ao lado de Beth, e os demais fecharam os olhos.

Depois de fazer a prece de abertura, Mário agradeceu a permissão dada pelos mentores espirituais para fazer a reunião em sua casa. Luiz, ao ver que o amigo terminara seu agradecimento, levantou-se.

César sentiu um leve tremor no corpo. Luiz, então, se aproximou do rapaz, colocou a mão em sua testa e disse:

— Que Deus esteja com você!

— Deus?! Desculpe, mas só há tristeza em minha vida! — respondeu o espírito de Telma por meio do médium.

— Não diga isso! Deus sempre esteve ao seu lado. Você é quem talvez não o tenha sentido em seu coração.

O espírito deu uma gargalhada. Em seguida, olhou para Beth e exclamou:

— Que bom ver você! Ainda se lembra de nossa última conversa?

A moça balançou a cabeça em sinal positivo, tentando segurar as lágrimas que insistiam em cair por sua face.

— Então, posso lhe dizer que, nem depois de mortos, nós deixamos de sofrer.

— O sofrimento, muitas vezes, é o bálsamo que refresca nossa alma e nos limpa para dias melhores! — interferiu Luiz.

— Não fale bobagens! É fácil para você dizer palavras bonitas, afinal não foi você quem foi assassinado covardemente!

— Sei que você não se conforma com o que lhe aconteceu. Eu até entendo, mas é justamente por isso que estamos aqui. Veja! O investigador de polícia que está cuidando do seu caso, Beth e outros amigos, todos nós estamos interessados em desvendar esse crime. Todos nós queremos seu bem. Conte para nós tudo o que aconteceu, limpe seu coração!

Telma começou a falar sobre sua vida e sobre tudo o que passara. Beth emocionou-se ao ouvir o relato da amiga, que finalizou sua narrativa contando com riqueza de detalhes tudo o que acontecera na noite de sua morte. Quando acabou, Telma sentiu-se mais leve.

Aquele breve desabafo fez Telma enxergar sua vida de forma diferente, sem a visão de vítima. Ao ler os pensamentos da jovem, Afonso, que estava com mais dois enfermeiros, aproximou-se e a afastou de César, que deu um longo suspiro e se voltou para ela dizendo:

— Não somos vítimas de Deus ou da sociedade; somos vítimas de nós mesmos. Somos nós quem carregamos conceitos deturpados ao longo das encarnações e acabamos nos perdendo no caminho. Você muitas vezes culpou Deus por seus infortúnios, quando na verdade não há culpados. É só a vida nos ensinando, seja no amor ou na dor. Venha! Vamos levá-la a uma colônia de refazimento, pois tenho certeza de que se sentirá muito bem lá.

Afonso e os dois enfermeiros pegaram Telma pelos braços e a colocaram em uma maca, levando-a para um pronto-socorro ainda na crosta terrestre.

Luiz fez a prece final, agradecendo a Deus pela ajuda recebida naquela noite e, em seguida, encerrou a sessão. Todos, então, se dirigiram à sala, onde Mário e a tia dispuseram algumas bandejas com guloseimas e refrescos para o lanche.

Ainda em refazimento, Beth olhou para Paulo e comentou:

— Não há dúvidas de que Telma esteve aqui conosco.

— Eu tenho que concordar com você. Só ela poderia descrever como morreu. Eu vi o corpo de Telma e estava do jeito que ela falou. No entanto, estamos na mesma. Ela não conseguiu descrever o assassino.

— Só uma correção — interpelou Luiz. — Telma desencarnou, pois ninguém morre. O senhor teve uma prova disso há pouco. Não estamos na mesma, não! Acredito que, se o plano espiritual permitiu que Telma desse seu depoimento e nos uniu, é porque estamos no caminho certo. Nada é por acaso. Devemos confiar na providência divina, que certamente nos ajudará a desvendar esse caso.

Paulo ficou pensativo. As palavras de Luiz o fizeram refletir. A conversa continuou no mesmo tema. Pouco depois, todos se despediram de Mário rumo às suas casas, cada um imerso em seus pensamentos e em suas crenças pessoais.

Os dias passaram-se rapidamente, sem que nada concorresse para ajudar a solucionar o caso. Na televisão não passava outra coisa que não fosse o caso do maníaco da Rua Augusta, como ficou conhecido o *serial killer* que assassinava moças que vendiam seus corpos na rua mais badalada da cidade.

A noite estava quente. Mário estava sozinho em casa, pois Fábio ainda estava fora e Olga ainda passava uns dias na casa da irmã. Sentado no sofá da sala, o rapaz estava pensativo e assim ficou por um bom tempo até que, em um pulo, se levantou.

Mário foi ao quarto, abriu o guarda-roupa e, após dar uma breve olhada em seu vestuário, decidiu colocar um conjunto de calça e camisa pretas. Em pouco tempo, já estava arrumado. Ele, então, olhou para o espelho, gostou do que viu e saiu de casa.

Júlia estava no quarto bordando, quando Adalberto entrou rapidamente. Ao vê-lo, ela deu-lhe boa-noite, a que ele mal retribuiu, pois estava com pressa. Adalberto foi direto para o banho e, quando voltou, trocou de roupa. Ao vê-lo se arrumar, Júlia perguntou:

— Você vai sair?

Adalberto respondeu de forma áspera:

— Vou e não tenho hora para voltar. Portanto, pode jantar e dormir.

— Eu nem vou lhe perguntar para onde você vai, porque sei que será em vão!

— Se sabe que é em vão, então por que pergunta? Agora tenho que ir. Combinei de me encontrar com uns amigos para uma partida de boliche. Boa noite!

Ao ver o marido sair, Júlia pensou: "Boliche! Sei! Só se vão jogar boliche na Augusta! Ele pensa que eu sou boba! Adalberto não perde por esperar!". E com esses pensamentos, Júlia continuou a bordar.

Marília estava pensativa. A vida a estava encaminhando para a resolução de seu passado. A cada dia que passava, sentia que teria de rever Otávio e limpar de sua alma as marcas deixadas. Ela pensou em Júlia e em seus problemas sentimentais. Não tinha dúvidas de que o universo a colocara em sua vida para ajudá-la a rever seus conceitos e suas atitudes e, quem sabe, ajudar a vizinha a salvar seu casamento.

Por alguns instantes, Marília pensou em todas as pessoas que faziam parte de sua vida. Beth apareceu forte em suas lembranças. "Preciso ajudar essa moça! Mas como?".

— Eu daria tudo para saber em que a senhora está pensando! — comentou César, que entrou na sala tirando Marília de seus pensamentos.

— Então, me dê tudo o que tem! — respondeu Marília sorrindo. — Eu estava pensando em Mila, ou melhor, em Beth.

— A história dessa moça é tão confusa, que é difícil saber com quem estamos lidando.

— Eu não colocaria as coisas dessa maneira. Talvez por ter uma experiência maior de vida, eu acho que consigo entender e lidar com isso. Eu só queria ajudar Beth. Estou pensando em montar um negócio e chamá-la para trabalhar conosco. O que você acha?

César pensou um pouco e respondeu em seguida:

— Não sei! A ideia, a princípio, é boa... mas será que ela aceitará? Nós sabemos que essas moças ganham muito bem nas ruas. Muitas dessas garotas, quando questionadas sobre o porquê de se prostituírem, respondem sempre a mesma coisa: que lhes faltam oportunidades de trabalho. Eu particularmente acredito que elas queiram dizer que lhes falta um ótimo trabalho, e acho que a senhora não pretende pagar um salário milionário para Beth!

— Eu já pensei nisso e sei que nem tenho como pagar um salário alto para essa moça, mas acho que, no caso de Beth, não é só o dinheiro que conta. Pelo pouco que sei a respeito dela, posso lhe dizer que a falta da mãe, o problema de saúde do pai e o trabalho do irmão contam bastante. Beth precisa de amor! Tanto o amor familiar como o de um homem que lhe dê proteção, de alguém que ela ame de verdade. Acho que isso seria essencial para fazê-la sair dessa vida de promiscuidade.

— Pode ser! Mas quer um conselho? Não coloque a carroça na frente dos bois, senão a senhora poderá se decepcionar. Agora tenho que ir. Marquei de tomar uns chopes com uns amigos — César deu um beijo na face da mãe e saiu, deixando Marília novamente perdida em seus pensamentos.

Os minutos passaram-se rapidamente. Marília ia se levantar para preparar um café, quando Olga entrou correndo na sala com a mão no peito, respiração ofegante e tez pálida. Ao ver a irmã, Marília assustou-se:

— O que aconteceu, Olga?

— Otávio... eu vi o Otávio! Ele...

Olga não conseguia articular as palavras. Marília a fez sentar-se, foi à cozinha, pegou um copo de água com açúcar e entregou para a irmã, dizendo:

— Acalme-se! Depois você me conta essa história direito!

Olga tomou todo o líquido, respirou fundo e, sentindo-se mais calma, falou:

— Eu estava voltando para cá, quando vi ao longe um homem de preto olhando a casa. A princípio, pensei que se tratava de um ladrão. Parei e me escondi atrás de um automóvel para observá-lo... Ele ficou observando a casa por um longo tempo, como se desejasse conhecer bem o local. Quando ele finalmente se afastou, eu pude ver seu rosto. Acredite em mim! Era Otávio! Um pouco mais magro, mas era ele...

— Você tem certeza disso? Você pode ter visto César. Ele estava de preto e saiu daqui há pouco. Você sabe que ele se parece com Otávio — respondeu Marília em tom de desespero.

— Não! Era Otávio. Eu não o confundiria nunca! Ele voltou e sabe onde você mora. Temo que ele tenha voltado para cumprir a ameaça que fez há alguns anos.

Marília respirou fundo, voltou à cozinha e pegou um copo de água. Ela tomou o líquido lentamente e, quando se sentiu melhor, voltou à sala. Quando finalmente se sentou ao lado da irmã, contemporizou:

— Não se preocupe, Olga! Não vai nos acontecer nada de mau. E talvez nem se trate de Otávio. Vamos confiar em Deus para que tudo dê certo!

— Você tem que avisar à polícia. Otávio é um homem perigoso!

— Não! Eu não vou fazer isso. Além do mais, nós não temos provas de que Otávio está cercando a casa. E depois, ainda temos Clara para lidar. Ela vai achar que estou fazendo isso porque não quero que ela o encontre. Olga, me prometa que não falará nada sobre isso com ninguém.

Olga suspirou. Conhecia a irmã e sabia que nada a faria mudar de ideia.

— Tudo bem! Se você quer assim, assim será... pelo menos por enquanto — Olga assentiu.

As duas ficaram conversando sobre o assunto por mais um tempo. Pouco depois, cada uma foi para seu quarto, mas não conseguiram conciliar o sono. Já era madrugada alta quando, finalmente, adormeceram vencidas pelo cansaço.

Michele estava exausta. A noite passara sem que ela percebesse, pois ficara andando de um lado para o outro, sem conseguir nenhum cliente. Cansada, a jovem decidiu voltar para casa de ônibus.

A moça já estava a caminho do ponto, quando olhou para o relógio. A madrugada ia alta, e não havia mais ônibus circulando pela cidade. Teria de esperar por quase uma hora para pegar a condução, então resolveu aguardar em uma pequena praça.

Michele pegou um cigarro, colocou-o na boca e, ao acendê-lo, ouviu passos. A moça olhou à sua volta, mas a praça estava vazia. Não havia nenhum sinal de pessoas no local.

Michele não conseguiu ver que alguém atrás de uma árvore a espionava, então continuou fumando tranquilamente. Ao terminar, jogou a bituca do cigarro no chão, levantou-se e já ia embora, quando foi abordada por uma pessoa encapuzada que segurava uma faca nas mãos.

A moça soltou um grito e, tentando se defender com a bolsa, bateu em seu algoz. Sua mente fervilhava. A única coisa que tinha em mente era fugir. Então, Michele pôs-se a correr. Correu como nunca correra antes. Seu instinto de sobrevivência pedia a ela que não desistisse. A rua estava deserta. Não havia nenhum sinal de polícia ou de qualquer outra pessoa.

Ela olhou para trás. Seu algoz estava a poucos metros dela, o que a fez se desesperar e gritar. A bolsa de Michele caiu no chão, esparramando todos os seus pertences. A moça continuou correndo até entrar em uma rua mais movimentada. Foi quando ela avistou um ponto de táxi e começou a pedir ajuda. Ao parar, não viu mais seu perseguidor. Os taxistas do local ouviram o relato da moça e chamaram a polícia, que não demorou a chegar. Por pouco, Michele não se tornou mais uma vítima do assassino da Rua Augusta.

Capítulo **12**

Beth acordou às onze horas da manhã, levantou-se e foi ao banheiro. Após fazer sua higiene pessoal, dirigiu-se ao quarto do pai, onde entrou sem fazer barulho. Quando se aproximou da cama, pôde notar que ele estava dormindo. A moça, então, saiu do local e foi ao encontro da empregada, que estava na área de serviço lavando roupa.

— Bom dia, Josefa! Onde está meu irmão?

— Pedro saiu logo cedo, dizendo que tinha um assunto pessoal para tratar — respondeu Josefa, enquanto pegava algumas peças de roupa para colocar na máquina de lavar.

Quando a empregada pegou uma calça e uma camisa de cor preta, Beth comentou:

— Engraçado, Pedro não usa essa roupa! Ele diz que roupas de tons escuros só servem para velórios. Você pegou essas peças no guarda-roupa dele?

— Não! Você sabe que só lavo o que está no cesto. Vai ver Pedro mudou o estilo de se vestir!

— É... pode ser... Eu não o vi vestindo preto essa semana. Vai ver que a roupa estava cheirando a bolor, e ele a colocou para lavar. E, depois, que besteira a minha! Tanta coisa para eu me preocupar! Vou fazer o almoço, pois este sábado promete! Se precisar de alguma ajuda, estou na cozinha, Josefa!

A empregada sorriu e deu continuidade aos seus afazeres.

A noite estava começando, quando Beth saiu de casa. Aquele era o dia de maior movimento em seu local de trabalho, e agora que mantinha amizade com Clara, a moça podia sair à noite sem que seu irmão suspeitasse de nada. Pedro não se opunha e até achava bom que a irmã se distraísse na companhia das amigas.

Beth pegou o ônibus. No banco em frente ao seu, duas senhoras conversavam em voz alta. A moça procurou não prestar atenção à conversa, mas foi inevitável ouvi-la quando uma das mulheres comentou:

— Você viu a TV hoje, Carmem? Uma dessas sem-vergonhas quase morreu. O tal maníaco a perseguiu e quase acabou com ela!

— Mas essas moças procuram! Onde já se viu? Elas andam quase nuas e saem com todo tipo de homem! Elas querem o quê? Sair com anjos e ganhar o reino dos céus?

Beth não se conteve. A moça levantou-se, deu sinal para descer do veículo, mas antes se aproximou das duas senhoras dizendo:

— Por que vocês não cuidam de seus maridos, em vez de falarem mal dos outros? Quem sabe não seja por isso que eles procuram algo mais nas ruas?!

O ônibus parou, e ela desceu, sem ouvir o que as duas mulheres lhe responderam. Já na rua, reclamou consigo mesma:

— Que horror, Beth! Batendo boca com duas desocupadas dentro de um ônibus! Isso é fim de carreira!

A moça pôs-se a andar até avistar um telefone público. Precisava falar com Paulo, pois queria saber quem era a moça de quem as duas senhoras estavam falando. E com esse pensamento, discou o número desejado, e logo uma voz masculina se fez ouvir. Os dois, então, marcaram um encontro, e ela seguiu para o local, um restaurante discreto na Santa Cecília.

Beth entrou no restaurante, escolheu uma mesa e sentou-se. A moça pediu um suco de laranja ao garçom e pôs-se a esperar por Paulo, que não demorou a chegar. Indo ao seu encontro, ele foi logo dizendo:

— Só você para me fazer sair da delegacia! Com toda essa história, estou sem tempo para nada!

— Obrigada por vir. Preciso saber quem escapou do maníaco!

— Acalme-se! Uma coisa por vez!

Paulo contou o ocorrido e concluiu dizendo:

— Como pode ver, nosso homem está começando a deixar pistas.

— E a me deixar preocupada. Não sei se você percebeu, mas, com exceção de Nina, que eu só conhecia de vista, todas as outras meninas faziam parte do meu círculo de convivência mais íntimo.

Após refletir um pouco, Paulo falou:

— Sabe que eu não havia pensado nisso? Sua observação reforça ainda mais a hipótese de se tratar de alguém muito próximo. Michele me disse que o assassino estava completamente vestido de preto. Nós temos alguns suspeitos e podemos começar investigando quem saiu de casa ontem à noite e com que roupa.

— Isso é fácil! Eu posso investigar Adalberto por meio da vizinha de dona Marília. Tenho certeza de que dona Marília nos ajudará.

— Não! Você não vai comentar nada com a família de Mário.

— Por que não posso falar nada? Não se esqueça de que eles estão nos ajudando neste caso! — questionou a jovem, espantada com a atitude do investigador, que, notando a expressão da moça, tratou de explicar-se:

— Eu não acho que eles estejam nos ajudando tanto. Acredite! Tenho sérios motivos para não confiar em nenhum deles. Além de Fábio, que está desaparecido e é nosso suspeito número um, eu tenho sérias desconfianças a respeito de Mário e César.

— Isso já é paranoia! Se considerarmos a hipótese de que eu posso ser a próxima vítima, que motivo os dois teriam para me matar?

Paulo esboçou um sorriso cínico ao responder:

— Alguns. Beth, não posso lhe falar sobre minhas suspeitas agora, porque ainda não tenho certeza. Mas acredite... se meu faro de estiver certo, motivos para matá-la não faltam!

— Que horror, Paulo! Tá! Supondo que sua suspeita seja verdadeira, o que as outras meninas têm a ver com isso?

Paulo parou para pensar. Ele já levara muitas coisas em consideração, mas a pergunta da jovem demonstrava que uma peça não se encaixava naquele quebra-cabeça. Paulo respondeu:

— Ainda não sei. Mas acredite que vou descobrir. Deixemos isso para outra hora! No momento, o que importa é você! A partir de hoje, deixarei um policial vigiando-a vinte e quatro horas por dia. Se esse maníaco tentar atacá-la, nós o pegaremos! Vale lembrar que ninguém, nem mesmo Clara, pode saber desta conversa.

Beth concordou. Paulo chamou o garçom e pediu a conta. A jovem, ao vê-lo se aproximar, abriu a bolsa, pegou um maço de dinheiro e entregou-o ao investigador, dizendo:

— Pague a conta e dê o resto a Michele. Ela não poderá sair às ruas por enquanto. Não desejo que ela e a mãe passem por dificuldades. Só não diga quem mandou, pois o que a mão direita faz a esquerda não precisa ficar sabendo. Semana que vem, mando mais. Agora tenho que ir!

Beth deu um beijo no rosto de Paulo, que retribuiu, pensando: "Essa moça me surpreende a cada dia. Parece que tenho sempre alguma coisa nova para aprender com ela!".

Paulo balançou a cabeça para espantar os pensamentos sobre Mila ou Beth. Na verdade, duas faces de uma mesma pessoa: Beth, a filha dedicada e estudiosa, dona de uma educação exemplar; Mila, explosiva, vulgar, mas generosa com suas colegas de trabalho. Será que alguém como Beth seria o assassino? Ou alguém como Mila? Um misto das duas, quem sabe? Ou simplesmente uma alma atordoada, que necessitava de amor, carinho e compreensão? Foi nesse misto de ideias contraditórias que a mente de Paulo continuou a fervilhar, enquanto ele deixava o restaurante para voltar ao seu humilde, mas aconchegante lar.

<hr/>

— É ele, Marília! Você tem que ir à polícia! Eu o vi ontem à noite de preto. Você leu a notícia do jornal! Otávio é um louco que deve ficar enjaulado!

— Pare com essa paranoia, Olga! Nós não podemos provar nada. Além disso, a polícia não caminha por hipóteses vagas. César também usava preto! Você e Júlia estão ficando obcecadas. Para você, o maníaco é Otávio; para ela, é Adalberto, que também estava de preto. Não é assim que devemos agir. Não podemos julgar ninguém dessa maneira. Cada um tem uma forma de pensar e agir. Veja Otávio, por exemplo! O fato de ele ter feito o que fez comigo no passado não indica que ele fará o mesmo novamente. As pessoas mudam, reveem suas atitudes e melhoram. E Adalberto, então?! Júlia o julga maníaco e assassino, só porque ele procura outras mulheres na rua, no entanto, o que ela não percebe é que ele faz isso por estar descontente com o casamento.

— Você está sendo muito generosa, minha irmã! Otávio pode ser o assassino, sim! Quem me garante que ele melhorou? Ele pode ter alimentado esse ódio por você durante todo esse tempo e o transformado num sentimento tão forte que isso pode ter o impelido a matar qualquer mulher que, na cabeça dele, seja como você no passado!

— Cale-se, Olga! Não fale mais nada!

Marília se enfureceu com as palavras da irmã. César, que estava em seu quarto, ouviu o grito da mãe e, preocupado, foi até a sala, onde encontrou Olga e Marília discutindo. O rapaz aproximou-se das duas e interveio:

— Parem com essa discussão! O que está acontecendo com vocês?

— Não é nada! É melhor eu parar de falar mesmo. Vou para meu quarto — Olga saiu chorando.

Ao ver-se a sós com a mãe, César a fez sentar-se:

— A senhora está tremendo como vara verde! Acalme-se! Eu nunca a vi brigando com a tia desse jeito!

— Às vezes, Olga me tira do sério! Mas não se preocupe, filho! Estou bem e tenho certeza de que essa cena não vai se repetir.

César abraçou a mãe, e os dois ficaram assim por um longo tempo. Marília sentiu-se mais calma ao lado do filho, que, ao vê-la melhor, comentou:

— Sei que a senhora não gosta desse assunto, por isso responda à minha pergunta se quiser. O que Otávio fez para a senhora?

Marília levantou-se e, com um gesto, fez o filho se-gui-la até seu quarto. Após entrarem no cômodo, ela trancou a porta e sentou-se na cama ao lado de César.

— Eu vou lhe contar, mas quero que me prometa que nunca comentará o assunto com sua irmã!

César respondeu positivamente com a cabeça, então Marília prosseguiu:

— Quando saí de casa, você e sua irmã ainda eram pequenos, mas essa história vocês já sabem. O que vocês não sabem é que... bem...

Marília parou para respirar e criar coragem para continuar.

— Eu e vocês estávamos morando na casa de sua tia Olga. Eu decidi trabalhar, pois não achava justo viver à custa de meu cunhado. Então, consegui um emprego de doméstica na casa dos pais de Afonso. Minha vida era de casa para o trabalho e do trabalho para casa, até que Otávio resolveu aparecer em meu caminho. Vocês não chegaram a vê-lo, porque ele não estava preocupado com vocês. O que ele queria era que eu voltasse. A princípio, pensei em ceder, afinal de contas Otávio era meu marido e pai dos meus filhos. Ele vinha uma ou duas vezes por mês do Rio de Janeiro, sempre com a mesma conversa de que estava sentindo minha falta, que me amava... até que um dia recebi uma carta anônima, em que o remetente me dizia que Otávio tinha outra família e que levava uma vida dupla desde o primeiro ano do nosso casamento.

— E a senhora acreditou nessa carta? — interrompeu César.

— Acreditei! A carta tinha uma série de relatos cheios de detalhes sobre os dias e as horas em que ele passava com essa segunda família — respondeu Marília, dando continuidade à sua história. — Numa dessas ocasiões em que veio do Rio, ele foi me buscar no meu serviço e me levou até uma cafeteria. Lá, eu fui franca e falei que não queria mais saber dele, mas Otávio ficou furioso, me pegou pelo braço e me arrastou até seu carro, me fazendo entrar no veículo. Foi então que Afonso apareceu e tentou impedi-lo. Os dois acabaram brigando, e Otávio derrubou Afonso com um soco. Eu fiquei sem saber o que fazer. Pensei em sair do automóvel, mas tive medo. Então, Otávio entrou no carro, e nós saímos do local... Eu fiz de tudo... Falei, chorei, mas foi em vão. Ele acabou me levando para uma fábrica abandonada em um matagal e me tirou do automóvel pelos cabelos. Levou-me para um galpão e começou a me bater. Ele me xingava e dizia que eu estava tendo relações sexuais com Afonso. Até então, eu não tinha nada com ele e falei isso para Otávio, porém, nada adiantou. Ele rasgou minha roupa e me estuprou. Quando terminou, pegou uma corda para me matar, mas Afonso, que estava nos seguindo, chegou e me salvou. Otávio fugiu, jurando se vingar e me matar. Afonso me levou para um hospital, cuidou de mim e foi assim ele disse que me amava. Decidimos nos casar e morar na fazenda de Ribeirão Preto, pois dessa forma Otávio nunca mais nos encontraria.

— Esse homem é um monstro, mãe. Clara precisa saber disso. A senhora tem que contar a ela!

— Não, sua irmã não acreditaria em mim! Além disso, agora que estou tendo uma relação saudável com ela, não quero que a sombra de Otávio tire isso de mim. Pelo contrário! Eu prometi à sua irmã que encontraria seu pai e vou cumprir essa promessa. Isto é... se ele já não nos encontrou primeiro!

— Como assim? Não estou entendendo aonde a senhora quer chegar!

Marília levantou-se da cama, andou pelo quarto e respondeu:

— Olga afirma que viu Otávio vigiando a casa ontem. Foi por isso que nós estávamos discutindo. Ela acha que seu pai é o tal maníaco. Primeiro, pelo perfil dele; e segundo, por ele estar vestido de preto.

César colocou a mão na cabeça, como quem não quer acreditar no que está ouvindo. Em seguida, aproximou-se da mãe e disse:

— Façamos assim! Vou chamar Paulo aqui em casa, para que a senhora conte tudo a ele informalmente. Fazendo isso, não acusaremos ninguém, mesmo porque não temos nada contundente. Assim, estaremos mais seguros e não geramos comentários. Agora, vou deixá-la descansar. Vou voltar para meu quarto e tentar digerir melhor essa história toda. Boa noite, mãe!

César beijou a face da mãe e saiu em seguida.

Fábio estava deitado em uma pequena cama, num simples quarto do subúrbio paulistano. Seus pensamentos iam longe. Já fazia alguns meses que saíra de casa, e ele estava com saudades dos seus, inclusive das reclamações e cobranças de sua mãe.

O rapaz lembrou-se da última briga que tivera com Olga. Em minutos, pôde assistir a um filme de sua vida. Ela não estava tão errada assim. Se a tivesse ouvido, não estaria naquela situação. Os pais sempre sabem o que é melhor para seus filhos. Por segundos, desejou ser Mário, que era mais ajuizado. Talvez por isso sua mãe tivesse preferência por ele.

Uma lágrima de dor insistiu em cair por sua face. Não! Ele não podia ser fraco em um momento como aquele. Precisava reagir. Mas como? Com sua foto estampada nos jornais e divulgada na televisão, Fábio não podia sair às ruas, pelo menos durante o dia. O rapaz, no entanto, estava com a consciência tranquila. O único erro que cometera foi sair com Telma e nada mais.

Mas por que aquilo acontecera logo com ele, que adorava viver e se divertir? Estar naquele cubículo, quase retido, era penoso demais. Estava vivendo com as poucas migalhas que conseguia tirar de sua conta bancária. Migalhas que provinham da mesada que Olga depositava para ele todo mês, coisa que ultimamente ela nem deveria estar fazendo, pois Fábio poderia ser pego em um desses caixas eletrônicos depois de um saque.

— Não! Isso não pode continuar assim. Tenho que armar um plano para provar minha inocência! — a essa afirmação, levantou-se e foi para a rua, que, pelo tardar das horas, já estava vazia.

⚜

Pedro sonhou que sua mãe estava em um vale escuro e sombrio. No local havia vários "monstros" à sua volta. O rapaz, ao vê-la tentando fugir, aproximou-se no intuito de ajudá-la, mas, assim que foi visto pelos tais monstros, eles passaram a persegui-lo, fazendo-o correr e deixar para trás sua pobre mãe chorando copiosamente.

De um pulo, Pedro levantou-se, face suada, e dirigiu-se ao banheiro, onde pôde refrescar-se com a água do lavatório. Ele olhou-se no espelho e notou que sua feição apresentava cansaço. Por segundos, sentiu uma repulsa de si mesmo, pois estava cansado da vida e de tudo o que o deixava ainda mais irritado.

De mau humor, Pedro decidiu ir até o quarto do pai, onde o viu dormindo. Em seguida, caminhou até a sala, olhou para o relógio afixado na parede: quatro da manhã. Sorriu: "Mais uma noite em claro!", pensou, ao sentar-se no sofá da sala.

Em poucos minutos, sua mente voltou ao passado, mais precisamente à sua infância. Pedro lembrou-se de sua mãe acordada até altas horas da noite à espera do marido, que quase sempre chegava em casa alcoolizado e cheirando a perfume barato de mulher, o que a deixava nervosa e triste. O que Alba não sabia era que o filho sempre a espiava naqueles momentos. Somente uma ou outra vez, ele se aproximava e questionava o que estava acontecendo, e nessas horas ela sempre resmungava alguns palavrões e algumas pragas, que faziam o menino sentir por vezes ódio do pai e das mulheres com quem, segundo sua mãe, ele se encontrava. E imerso nessas lembranças o rapaz ficou por um longo tempo.

Já estava amanhecendo, quando ele se levantou do sofá para fazer o café. Beth chegou em seguida e assustou-se ao ver o irmão acordado tão cedo. Ao vê-la se aproximar, Pedro serviu-se de uma xícara de café e, após despejar a bebida quente em outra xícara para a irmã, sentou-se na cadeira da cozinha.

— Não sei o que tanto você fica fazendo na rua, para chegar em casa só ao raiar do dia.

— Ora, Pedro! Não faço nada de mais. Normalmente, eu e Clara vamos a casas noturnas para dançar e conhecer gente nova, e nisso a noite passa.

— Sei! Isso para mim tem outro nome: galinhagem! Você está se saindo uma bela biscateira. Aposto que cada noite beija um!

— Que horror! O que deu em você? Não sou dessas, não! E depois, mesmo que eu ficasse cada noite com um rapaz diferente, que mal teria nisso?

— Todos! — esbravejou Pedro, fazendo Beth se assustar. — Irmã minha não fica na sem-vergonhice!

Você vai ficar malfalada! Sem contar que é perigoso uma moça bonita como você ficar andando sozinha pela madrugada.

Beth pensou em responder, mas desistiu. Pedro estava nervoso, e ela conhecia bem seu irmão, que deveria estar com algum problema. A moça, então, decidiu apaziguar as coisas, pois era o melhor que poderia fazer naquele momento e ainda evitaria mais confusão.

— Deixe de bobagem! Não vai acontecer nada de ruim comigo. Agora vou dormir um pouco e aproveitar que é domingo para acordar mais tarde. Tendo você por perto, fico mais segura. Coitado do bicho-papão e do lobo mau! — brincou com o irmão, que esboçou um sorriso forçado.

Beth foi para seu quarto e deixou-o sozinho, refletindo sobre a vida.

Ao vê-la sair, Pedro levantou-se e voltou para cama. Queria descansar mais um pouco, já que ficara acordado durante toda a madrugada.

Capítulo **13**

Os dias passaram rapidamente. Na casa de Marília todos estavam agitados, pois era aniversário de Clara, e Marília preparava um almoço para a família e para alguns amigos mais íntimos.

O dia estava ensolarado. Marília e Olga estavam na cozinha, quando Beth chegou trazendo um presente para a amiga. Ao ouvir a voz da moça na sala, Olga comentou:

— Não consigo aceitar essa moça! Só de pensar em compartilhar a mesma mesa com ela, eu já sinto asco!

— Beth é bem-vinda aqui em casa, e você sabe disso. Se não gosta dela, por favor, guarde isso para você e não deixe que ela perceba!

Olga calou-se. A casa não era dela, portanto teria que aceitar a presença de Beth.

Júlia e Adalberto entraram na casa. Marília deixou a irmã terminando de preparar a refeição e foi à sala para receber a vizinha.

A conversa estava animada. Luiz não parava de falar um só instante. Mário era o mais calado do grupo. Clara, ao ver o primo quieto, perguntou:

— O que houve, Mário? Não está gostando da conversa?

O rapaz respondeu com zombaria:

— Não! Aliás, nem sei por que estou aqui! Você é uma chata, e Luiz é uma gralha.

Todos riram. Ao terminar de falar, Mário olhou para Beth, que, intuitivamente, retribuiu o olhar. Ao perceber que algo pairava no ar, Clara chamou a amiga para seu quarto e, quando se viu a sós com a amiga, perguntou eufórica:

— É impressão minha ou você e Mário estão de paquera?

— Não diga bobagens! E fale baixo, pois, se sua tia nos escutar, estarei frita e morta!

— Não mude de assunto! Minha tia é careta, mas é fácil de ser dobrada. Não se preocupe com ela! Quanto ao meu primo, Mário é um gato livre, leve e solto. E está caidinho por você!

Beth riu da amiga, antes de responder:

— Pode até ser que ele me queira para se divertir, mas sei que não passará disso. E você sabe muito bem que não é porque faço o que faço que me entrego facilmente a um homem quando não estou em serviço. Portanto, pode tirar esse sorriso de cupido do rosto!

— Não seja tola! Mário é um homem respeitador. Tenho certeza de que ele está querendo namorá-la... e até se casar com você! Meu primo faz aquele estilo romântico. Acredite! Se você quiser, peço a ele para imitar o gato do Richard Gere na cena final de *Uma linda mulher!*

Beth riu gostosamente da amiga, que conhecia sua alma como ninguém, e já ia responder, quando Marília bateu na porta do quarto avisando que o almoço seria servido. As duas, então, voltaram à sala.

O almoço foi servido, e todos comeram alegremente. Olga esforçou-se para tratar Beth bem, mas o máximo que conseguiu foi não ser grosseira. Júlia, que não sabia da profissão da moça, tratou-a com amabilidade, mesmo percebendo que seu marido a olhara com segundas intenções.

O almoço comemorativo terminou com um bolo de aniversário de sobremesa, e, após os parabéns, todos voltaram à sala.

Os grupos se dividiram para conversar. Marília, Olga e Júlia falavam sobre casa e futilidades domésticas. Adalberto, César e Luiz conversavam sobre futebol. Clara, Beth e Mário também conversavam sobre vários assuntos.

A pretexto de ir tomar um gole de suco, Clara deixou a amiga e o primo sozinhos. Ao ver-se a sós com a moça, Mário comentou:

— Não sei se você percebeu, mas o doutor Adalberto não tira os olhos de você.

Beth riu gostosamente ao responder:

— Se tem uma coisa que não sou é aluada, Mário. Ele sabe quem eu sou, pois já o vi várias vezes enquanto trabalhava. Talvez seja por isso que ele esteja olhando tanto para mim. Mas não se preocupe, pois sou uma profissional de respeito. Mesmo que ele venha procurar meus serviços, recusarei. Não trabalho para conhecidos.

— Você consegue separar bem as coisas. A Mila é uma, a Beth é outra. Sabe que admiro isso em você? Quando a conheci, cheguei a pensar que fosse dupla personalidade, mas sei que não se trata de nenhum distúrbio psicológico.

Beth esboçou um sorriso acanhado, e, ao perceber a insegurança da moça, Mário colocou a mão em seu queixo e a fez olhar em seus olhos dizendo:

— Você é linda. Não deixe que ninguém lhe diga o contrário. Você merece todo o respeito do mundo.

Sem querer, Júlia olhou para os dois e, ao vê-los em um clima aparentemente romântico, comentou com as duas amigas:

— Mário e Beth fazem um casal tão bonito! Fico feliz em vê-los juntos.

Olga olhou para os dois, que conversavam discretamente, e teve uma leve vertigem. Marília procurou segurá-la para não que não caísse. Quando se sentiu melhor, a mulher caminhou em direção ao casal, chamou Mário e, inventando uma desculpa, o tirou de perto da moça, que, vendo-se sozinha, foi procurar Clara:

— Você não deveria ter me deixado sozinha com seu primo! Sua tia ficou furiosa!

— Ela percebeu o clima que está rolando entre vocês, só isso! Não se preocupe com ela, futura prima!

Clara riu ao notar a face vermelha da amiga, que, sem jeito, não lhe respondeu.

A tarde passou agradavelmente para todos até que os convidados foram se despedindo, deixando no ar um clima agradável.

No astral, Telma estava no jardim da casa de recuperação onde estava hospedada. Seu pensamento estava voltado ao plano terrestre. Por mais que tentasse esquecer e perdoar seu assassino, não conseguia. Já estava há alguns meses naquela casa, onde todos a tratavam com amor e carinho, o que a fazia esquecer um pouco seus sentimentos. A moça estava tão distraída que não viu Afonso sentar-se ao seu lado.

— Você não deve focar sua mente no passado. Sei que não está sendo fácil, mas você deveria abençoar seu passado, se perdoar e perdoar o aparente mal que lhe fizeram, pois só assim conseguirá limpar seu coração e seguir em frente.

— Estou tentando, mas não é fácil!

Afonso olhou para a jovem com ternura e, fazendo um ligeiro carinho em suas mãos, comentou:

— A vida vai muito além dos problemas que criamos em nossas mentes. Somos seres com potenciais sublimes! Basta termos essa consciência. Quando na carne, passamos por situações que nos levam a tomar decisões equivocadas, pois não estamos em perfeita comunhão com o universo e com a vida, que trabalha sempre para o bem, tratando de nos mostrar quando estamos equivocados.

Telma pôs-se a chorar. As palavras de Afonso penetraram seu coração como uma flecha, que, benéfica, mexera com suas estruturas.

— Sei que sofre e que ainda é cedo para rever alguns conceitos.

— Você sabe quem é o assassino, não sabe?

— Sei, mas isso não vem ao caso. Nada vai mudar em sua vida. Deus sabe o que faz, e não devemos julgar ninguém, nem mesmo um assassino. Na verdade, vim lhe dizer que recebi autorização para ajudá-la a recuperar o equilíbrio de que tanto precisa para poder viver em paz. Isso significa que a levarei comigo para participar do desfecho desse caso. Eu a levarei não para ter o prazer de ver seu algoz sendo desmascarado, mas sim para perdoá-lo e compreendê-lo.

Telma ficou pensativa e, após alguns minutos de meditação, respondeu:

— Tudo bem! Eu vou com você, pois acho que está certo. Já fiz muitas besteiras em minha vida e desejo não sofrer mais. Acho que conseguir perdoar esse louco me fará bem!

Afonso sorriu ao corrigir a moça:

— Comece por não rotular seu algoz. Nenhum ser humano deve ser rotulado. Esse ser que está cometendo esses crimes é filho de Deus como eu e você e merece nosso respeito e amor, principalmente porque ainda não aprendeu a amar a Deus sobre todas as coisas e ao próximo como a si mesmo.

Telma calou-se. As palavras de seu novo amigo gritaram em seu coração ainda dilacerado pelos atos e pelos acontecimentos de sua última encarnação. Afonso, então, pegou-a pelo braço, e os dois volitaram até o plano terrestre.

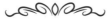

Mário conversava com Clara na casa da tia, quando sentiu uma presença espiritual, mas não disse nada a respeito. Ao perceber que o primo se calara, Clara perguntou:

— Você está bem? Parece estar em outra dimensão!

— Estou ótimo! Você me conhece! Às vezes saio da realidade. Mas, mudando de assunto, como está Beth?

Clara sorriu. Finalmente, o primo lhe dera uma brecha para que ela pudesse lançar suas flechas de amor.

— Beth está bem, mas acho que ela estaria melhor se tivesse um namorado. Sabe como é! Nada como um verdadeiro amor para mudar as pessoas e...

Clara ia prosseguir, mas Mário a interrompeu:

— Poupe-me de suas insinuações. Eu sei aonde quer chegar, Clara. Estou interessado em Beth, ela é uma mulher fascinante, mas...

Mário fez uma pausa, e Clara prosseguiu:

— Mas é uma prostituta! Eu não acredito que você seja tão preconceituoso!

— Não é preconceito. Não sou uma pessoa pudica, mas também não sou tão liberal assim. Imagine eu namorar Beth durante o dia, e à noite, ela, ou melhor, Mila ir trabalhar na rua! Isso não! Quem ama deseja ter a pessoa amada inteiramente, não parcialmente. O que quero lhe dizer é que, se Beth parar de trabalhar na noite, eu a namoro. E, se dermos certo juntos, me caso com ela. Isso não é ser preconceituoso, mesmo porque o amor quebra qualquer barreira.

Clara ouviu o primo, abraçou-o e comentou:

— Mamãe vai montar uma loja e pensa em chamar Beth para gerenciá-la. Tenho certeza de que minha amiga vai aceitar a proposta. Com isso, vocês poderão namorar sem nenhum impedimento... com exceção de sua mãe, que obviamente vai ter um colapso nervoso!

Mário riu da forma desdenhosa que a prima usara para falar de Olga. Ele comentou:

— Minha mãe aceitará, eu a conheço. Pode ser que, a princípio, ela faça uma tempestade em copo d'água, mas depois se acostumará com a ideia. Isto é... se surgir realmente um namoro!

Os dois continuaram conversando animadamente. Telma, que estava ouvindo a conversa, olhou para Afonso e desejou:

— Deus permita que Beth saia realmente das ruas! Esse rapaz parece ser uma boa pessoa, e minha amiga merece ser feliz.

— Eu sei! Mas confiemos na providência divina, que nunca chega atrasada. Tudo tem seu tempo no universo.

Telma sorriu. Pela primeira vez em toda a sua vida, sentia que um pouco de paz lhe invadia a alma.

Beth chegou à casa de Marília às oito horas da noite, pois fora convidada para jantar a pedido de Clara. A jovem recebera a amiga alegremente, conduzindo-a até a sala, onde Mário e César conversavam.

Ao ver Beth, Mário cumprimentou-a com um beijo no rosto, e César limitou-se a dar-lhe as mãos, já que sabia que o primo estava interessado na moça. Os quatro, então, passaram a conversar sobre trabalho.

Mário falava entusiasmado sobre seus planos para o futuro, enquanto Beth o observava com certo ar de interesse. Marília de repente entrou na sala, interrompendo a conversa entre os jovens para comunicar que a refeição estava pronta e conduzindo todos à sala de jantar, onde Olga colocava a mesa com cara de poucos amigos.

Beth sentou-se ao lado de Clara e em frente a Mário, que não parava de olhar para a moça. O jantar fora servido.

Ao perceber a troca de olhares entre o filho e a jovem, Olga irritou-se e, por um breve momento, teve vontade de xingar a moça, no entanto, tentou controlar-se.

Marília olhou para Beth e comentou:

— Você sabe que estou me movimentando para montar uma loja de roupas, não sabe?

— Sei! Clara não para de falar disso, dona Marília. Fico feliz por vocês!

— Obrigada, Beth! Bem... eu pedi a Clara que a trouxesse para este jantar porque queremos convidá--la para gerenciar essa loja. É claro que é apenas um convite. Você aceita, se quiser.

— Minha irmã, você acha que Beth vai deixar a vida fácil para trabalhar duro com você e ganhar uma quantia bem inferior à que ela ganha no final do mês?! — interpelou Olga, soltando fogo pelos olhos.

— Não chamei Beth para jantar conosco no intuito de julgá-la, e sim para lhe fazer um convite. E também não estou fazendo isso porque sou boazinha. Beth é uma moça estudiosa, tem muito bom gosto e conhece como ninguém a alma feminina.

Olga calou-se ante as palavras e o olhar reprovador da irmã. Beth, procurando não demonstrar o constrangimento que estava sentindo com o comentário, respondeu alegremente:

— Eu aceito, dona Marília! E lhe serei eternamente grata por tudo o que a senhora está fazendo por mim. Sei que não é fácil encontrar pessoas como a senhora, pois a maioria acredita que uma prostituta gosta do que faz e que, uma vez na promiscuidade, uma garota de programa morre na promiscuidade, sem merecer uma oportunidade de mudar de vida. O que não é verdade, pois a maioria das meninas que vive da noite sonha em deixar essa vida.

— Um brinde à nova vida de Beth! — gritou César, erguendo a taça de vinho no intuito de mudar o clima que Olga instaurara no local e sendo seguido pelos demais.

No final da refeição, todos foram para a sala. Mário aproximou-se de Beth e disse:

— Fico feliz por você! Tenho certeza de que será uma ótima gerente!

— Obrigada, Mário! Vindo de você o elogio, sinto-me lisonjeada!

— Está quente aqui. Que tal continuarmos nossa conversa na varanda?

Beth aceitou o convite e seguiu o rapaz até o local. Por instantes, sentiu um calafrio invadir-lhe a alma. Ela olhou para o rapaz, que, ao vê-la tremer, indagou:

— Você está com frio ou nervosa?

— Acho que nervosa. Sua mãe não gosta de mim. Sinto que o fato de eu ficar a sós com você causará confusão.

Mário colocou as mãos na cintura da moça e a trouxe para junto de si. Sem pensar duas vezes, o rapaz encostou seus lábios nos de Beth, beijando-a com sofreguidão e fazendo a moça experimentar uma sensação nunca antes vivida. Sem perceber que Olga os vigiava a distância, pouco tempo depois os dois se afastaram. Beth, sem acreditar no que estava acontecendo, falou quase sussurrando:

— Você é louco! Sua mãe vai me matar!

— Esqueça minha mãe! Eu a amo e a respeito, mas ela não tem o direito de intervir em minha vida. Sei o que estou fazendo.

— Será? Não se esqueça de que ainda sou uma garota de programa, e ninguém aceitará sua decisão com naturalidade.

— Eu sei disso, mas em que importa a opinião dos outros? E depois, você está deixando essa vida para trás.

Beth olhou para o relógio. Já estava tarde. Dissera a Pedro que dormiria em casa. Ao vê-la preocupada com o tardar das horas, Mário perguntou amorosamente:

— Você quer que eu a leve para casa? É tarde, e não quero vê-la sozinha pelas ruas.

— Sim! Mesmo porque não conseguirei encontrar ônibus para meu bairro.

Os dois se abraçaram mais uma vez. Ao voltar para a sala, o casal encontrou Marília e os filhos conversando. Beth despediu-se de todos, sendo seguida por Mário, que, não vendo a mãe, pediu à tia para avisá-la de sua saída.

Minutos depois, Olga apareceu na sala com os olhos vermelhos, sinalizando que chorara. Ao notar o estado da irmã, Marília perguntou com ar preocupado.

— O que houve, Olga?

— Você ainda me pergunta? Mário estava aos beijos com aquela meretriz barata e a culpa é sua! Onde já se viu convidar uma garota de programa para trabalhar com você?

— Acalme-se, Olga! Você não pode ficar assim só porque Beth e Mário estão se entendendo! — respondeu Marília, procurando não levar em consideração a acusação feita pela irmã.

— Nunca! Mário não vai namorar essa desavergonhada! Eu... eu a mato! Você está me entendendo?

Olga saiu trincando os dentes, entrou em seu quarto e trancou a porta. "Tenho que encontrar um jeito de acabar com Beth. Se ela morresse, tudo seria resolvido. Essa desclassificada bem que poderia ser a próxima vítima do maníaco, pois, assim, todos os meus problemas estariam resolvidos", pensou Olga, com um gosto de vingança na boca.

Pedro estava assistindo à televisão, quando ouviu o barulho de um carro parando em frente à sua casa. Ele olhou pela janela e viu Beth despedindo-se de um homem. Pedro sentou-se novamente no sofá, pois não queria que sua irmã percebesse que ele a espionava.

Minutos depois, Beth entrou em casa. Ao ver o irmão sentado, indagou:

— O que deu em você? Geralmente quando chego, você já está dormindo.

— Perdi o sono. Você veio de carona?

— Mário, o primo de Clara, me trouxe. O jantar acabou tarde, e ele se ofereceu para me trazer em casa.

— Sei... mas está rolando algo entre vocês?

Por instantes, Beth pensou em desconversar. Pedro, ultimamente, mostrava-se arredio à sua conduta, e ela não sabia qual seria sua reação. Mesmo assim, decidiu contar-lhe a verdade.

— Eu e Mário estamos nos conhecendo melhor, se é o que você quer saber. Ele é bonito, inteligente, tem um bom emprego, e estou interessada em namorá-lo.

— Você não pode fazer isso! — Pedro esbravejou, fazendo Beth estremecer.

— Não estou entendendo! Por que não posso namorá-lo? Por acaso você o conhece, tem algo contra ele?

— Não! Não o conheço e nem quero conhecê-lo. Esse rapaz não é para você. Pelo jeito, tem posses e só vai usá-la. Não quero que sofra — respondeu Pedro, tentando disfarçar sua fúria.

Ao perceber o desconforto do irmão com a notícia, Beth decidiu apaziguar a situação:

— Está certo! Vou rever minhas atitudes. Agora, deixe-me ir dormir, pois estou cansada. E sugiro que faça o mesmo.

Beth saiu da sala. Pedro, ao vê-la afastar-se, pensou: "Ela não pode namorar esse rapaz. Preciso fazer algo para impedi-los de ficarem juntos. Aquele mauricinho não perde por esperar!". E com esses pensamentos, Pedro passou a noite, sem perceber que sombras escuras o envolviam, misturando seus pensamentos aos delas.

Capítulo **14**

Mário estava conversando com Luiz, quando viu as figuras de Afonso e Telma sorrindo-lhe. O rapaz procurou ligar-se à sintonia do tio, que se aproximou dizendo:

— Deus, em sua benevolência, permitiu que eu viesse aqui. Peço que façam preces pelos que estão à sua volta. Em pouco tempo, pessoas que amamos passarão por uma prova difícil. Difícil, mas necessária à evolução espiritual de cada um. Fique atento, pois Telma e eu os estaremos ajudando no que for possível. Agora, fiquem em paz!

Depois de dizer essas palavras, Afonso saiu do local, levando Telma consigo. Mário, ao ver-se a sós com o amigo, comentou:

— Você viu o que eu vi?

Luiz esboçou um sorriso ao responder:

— Vi e ouvi. Esse espírito amigo está nos ajudando há um bom tempo. Acho que logo teremos novidades sobre o caso da Rua Augusta.

— Minha tia vai adorar saber que tio Afonso está nos ajudando, mas estou preocupado! Sinto que algo de ruim vai acontecer e que precisamos ter fé para conseguirmos suportar o que virá pela frente!

— Bem, vamos fazer o que Afonso nos pediu, e o resto fica por conta dos espíritos amigos. Está tudo certo, e as coisas estão transcorrendo como devem transcorrer. Confiemos!

Mário concordou, embora, em seu íntimo, uma ponta de preocupação reinasse. Algo lhe dizia para se preparar para os acontecimentos futuros.

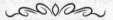

A noite estrelada e quente fez Júlia decidir visitar Marília. Já fazia algum tempo que ela não conversava com a amiga.

Marília a recebeu com carinho, fazendo-a sentar-se no sofá da sala. Júlia, por sua vez, foi logo dizendo:

— Adalberto saiu novamente para jogar boliche e novamente estava vestindo uma roupa preta. Não sei mais o que fazer. Se amanhã recebermos a notícia de mais uma garota morta, eu irei à polícia e o denunciarei.

— Acalme-se! Deixe de bobagens! A propósito, você já conseguiu definir seus sentimentos por Adalberto?

Júlia ficou pensativa e em seguida respondeu:

— Eu andei pensando muito e descobri que meu marido é tudo para mim. Eu não saberia viver sem ele. Estou disposta a perdoá-lo e a tentar salvar meu casamento. Mas só se ele não for o maníaco da Rua Augusta!

Marília riu prazerosamente:

— Quando você e Olga colocam alguma coisa na cabeça, ninguém consegue tirar! Mas voltando ao que realmente interessa, acho que Adalberto também a ama. Quem sabe se vocês abrirem o coração um para o outro não acabam se acertando?

— Você acha que devo? Não sei... Toda vez que tento conversar com ele, nós acabamos discutindo.

— Desculpe-me, Júlia, mas você é taxativa! Não é assim que se age! Faça um jantar caprichado, seja doce ao falar e demonstre que o ama. Você é mulher e sabe muito bem como agradar um homem.

Júlia empolgou-se com as palavras da amiga. Por segundos, sentiu-se feliz ao imaginar uma noite romântica com o marido. Marília sorriu satisfeita. A vizinha lhe era cara e tudo o que Marília mais queria era vê-la feliz.

As duas continuaram conversando, e Marília falava com entusiasmo sobre a inauguração de sua loja. O papo estava animado, até que Júlia percebeu que já era quase madrugada. Ela então se despediu de Marília e voltou para casa.

Já em casa, Júlia entrou no quarto e não encontrou o marido. Por segundos, teve raiva, mas se lembrou da conversa que tivera com a amiga e tentou se controlar.

Adalberto chegou em casa quase com o raiar do dia.

A tarde ia alta, quando Beth chegou à delegacia onde Paulo trabalhava. Após ser anunciada, a moça foi conduzida a uma pequena sala onde encontrou Paulo. Ao vê-la, ele foi logo dizendo:

— Já está sabendo o que aconteceu?

— Já. Eu vi pela televisão. Só de pensar que conversei com a vítima pouco antes... Eu... eu não sei mais...

Beth chorava, enquanto tirava da bolsa uma camisa preta com algumas manchas de sangue. Ao olhar a peça de roupa, Paulo pegou-a na mão e perguntou:

— Onde você encontrou esta camisa?

— Eu a achei jogada na Rua da Consolação, quando voltava para casa na madrugada passada. Será que foi usada pelo assassino?

Paulo coçou a barba ao responder:

— Bem! Vou mandá-la para análise. Se o sangue que estiver na roupa for da moça assassinada na noite passada, saberemos, e talvez até consigamos descobrir de quem é a peça. Agora, cuide-se! Não se esqueça de que essa moça teve contato com você, o que reforça nossa tese de que você pode ser o próximo alvo desse maluco.

— Não se preocupe! Eu me cuidarei. Além do mais, fico segura com "não sei quem" que você colocou para me vigiar.

Paulo acabou rindo ao responder:

— Esse "não sei quem" continuará assim. Não saber quem é a pessoa que a está vigiando é melhor para você. Agora, deixe-me trabalhar. Tenho que falar mais uma vez com a imprensa. Até mais!

Beth despediu-se do investigador. No caminho de volta para casa, pensou em tudo o que vivera até ali. Deus estava mostrando-lhe que aquela vida na prostituição não era o correto. A moça lembrou-se de tudo o que passara naqueles anos e começou a fazer um breve balanço do que conseguira com aquilo. O dinheiro que ganhava cobria os gastos com a faculdade e o que sobrava Beth gastava com vestidos e bijuterias. Ela, no entanto, logo enjoava daqueles itens e os doava para as amigas. Isso a fez pensar que nada valia o preço de ter que se deitar com homens desconhecidos.

Muitos dos homens com quem Beth se relacionava chegavam a lhe embrulhar o estômago, e alguns queriam a todo custo fazê-la ter relações sexuais sem preservativos. Outros desejavam dar vazão a diferentes fetiches com Beth, e ela, muitas vezes, se recusava a realizá-los, correndo o risco de apanhar e ser maltratada pelos clientes, que, na maioria das vezes, a deixavam sozinha em um quarto de motel. "Não! Definitivamente, a vida na prostituição não funciona mais para mim! Preciso refazer minha vida e guardar dessa experiência somente a lição de que nada paga a paz de espírito e a consciência tranquila de viver de forma correta, mesmo que na pobreza".

Com esses pensamentos, Beth chegou em casa. Após trocar algumas palavras com a empregada, ela sentou-se no sofá da sala, sem notar a presença de

Telma e Afonso, que, felizes com os novos pensamentos da moça, a envolviam com a energia do inesgotável amor universal.

Telma estava pensativa. Depois de gastar tanto tempo cultivando o ódio em seu coração, agora que ela soubera quem lhe tirara a veste carnal, a única coisa que a moça conseguia sentir era um misto de dó e compaixão.

Ao perceber o drama intenso da amiga, Afonso aproximou-se dizendo:

— Às vezes, a vida nos prega grandes peças, não é mesmo?

— E como! Sabe o que mais me deixou incomodada? Conhecer todo o histórico de vida dessa pessoa. Como posso ter ódio de uma pessoa que acabou sendo vítima do meio em que viveu?

— Você está assim porque percebeu que não devemos julgar ninguém. É claro que nada justifica um assassinato, mas acredito que um dia essa pessoa aprenderá por meio da dor a dar valor à vida humana. Aí, chego à conclusão de que...

Telma olhou com curiosidade para Afonso, que prosseguiu:

— Não devemos julgar ninguém, porque cada ser é seu próprio juiz ante sua própria consciência. Essa pessoa sofrerá e aprenderá a mudar sua forma de pensar por meio de seu próprio sofrimento. Assim, aos poucos, caminhará para uma evolução espiritual maior.

Telma, sem querer, deixou escapar uma lágrima ao falar:

— Você tem razão! Eu, por exemplo, sei que não fui nenhuma santa. Ao contrário... fui fraca e pequena ao vender meu corpo. Minha desculpa era sempre a mesma: "Sou assim porque não tive escolha". Hoje, sei que essa desculpa servia simplesmente para eu me enganar. Na verdade, eu me esqueci de Deus, quando optei pelo caminho mais fácil. Sei que não foi a primeira encarnação em que me prostituí e espero que, desta vez, eu tenha aprendido a lição. Espero também que, quando Deus me der mais uma oportunidade de regressar à Terra em um corpo carnal, eu possa viver de forma digna, não porque os outros pensem assim ou assado, mas por mim e pelo simples fato de eu poder viver em paz comigo mesma.

Telma parou de falar. Afonso abriu os braços e a abraçou fraternalmente. Os dois ficaram assim por um longo tempo, que mais pareceu segundos diante da eternidade de erros e acertos da vida.

Olga saiu da casa da irmã pelo portão dos fundos, aproveitando-se do adiantado das horas para que ninguém a visse. Ao chegar à rua, parou um táxi e, após informar seu destino ao motorista, pôs-se a pensar no que faria.

Ela começou também a pensar em Mário e lembrar-se da infância do filho e da forma como sempre fora tratada por ele. "Não! Eu não posso deixar que meu filho querido, com um belo futuro pela frente, namore uma meretriz!", refletiu, rangendo os dentes.

A noite estava movimentada, o que fez o automóvel andar mais vagarosamente pelas avenidas do centro da cidade. Apesar do trânsito, Olga não tardou a chegar à Rua Augusta.

Olga pediu ao motorista que dirigisse devagar e pôs-se a olhar as moças que ali estavam vendendo seus corpos. Não demorou muito para ela avistar Mila, ou melhor, Beth. Certificando-se de que era realmente ela, pediu para o motorista parar o carro e chamá-la.

— Em que posso lhe ser útil?

O rapaz abriu um sorriso ao ver a linda moça de perto.

— Em muitas coisas, mas quem a está querendo mesmo é essa senhora que está no banco de trás. Entre!

Ao olhar para dentro do carro, Beth viu Olga. Mesmo sem saber o que fazer, a moça entrou no veículo.

Olga foi logo dizendo:

— Eu não a chamei para fazer um programinha, querida. Sei que meu filho Mário está interessado em você, e isso é até compreensível. Afinal, você é bonita, sedutora, e seu trabalho ainda a ajuda a conquistar homens, se é que posso chamar isso de trabalho!

— Escute aqui, minha senhora! Se me chamou para falar desaforos, pode ir embora.

— Acalme-se! Eu vim lhe fazer uma proposta! Quanto você quer para deixar meu filho em paz? Diga!

Eu não sou rica, mas meu marido me deixou muito bem financeiramente e tenho um montante em dinheiro vivo!

Beth balançou a cabeça, sem acreditar no que estava ouvindo. Sentiu vontade de chorar, mas se segurou, pois não podia demonstrar fraqueza na frente daquela mulher arrogante. Após respirar fundo no intuito de criar forças, a moça respondeu:

— A senhora é louca! Quem a senhora pensa que é para vir até aqui e me fazer uma proposta dessas?

— Ora, menina! Não me venha com essa falsa pose de mulher decente, pois comigo isso não funciona! Desde quando uma despudorada como você pode bancar a mulher honesta? Diga quanto quer, e eu lhe darei! Ou melhor, pense! Não precisa me dar uma resposta agora. Eu voltarei a procurá-la. E não diga nada à minha sobrinha, senão você se arrependerá amargamente. Pelo meu filho, sou capaz até de matar.

Beth desceu do automóvel sem olhar para trás. Decidida a voltar para casa, a moça seguiu caminhando. As palavras de Olga machucaram-na profundamente, fazendo-a chorar desesperadamente.

Paulo, que estava escondido próximo ao local, viu a cena e foi atrás da moça, que, ao vê-lo, o abraçou dizendo:

— Que bom vê-lo! Você não sabe pelo que acabei de passar!

— Acalme-se e pare de chorar! Venha! Vamos até aquele barzinho do outro lado da rua, pois assim bebemos alguma coisa enquanto conversamos.

Os dois seguiram para o bar, sentaram-se e pediram uma cerveja. Ao ver que Beth estava um pouco mais calma, Paulo comentou:

— Vi você entrar em um táxi. Quem estava lá dentro?

— Olga, a mãe de Mário! Sei que você não vai gostar disso, mas eu e ele estamos começando a nos entender. A tia dele vai abrir uma loja em um shopping em alguns dias e me convidou para trabalhar com ela. Eu aceitei a proposta. Sabe, Paulo... estou cansada desta vida, e Mário é tão gentil... Estou gostando dele. Desejo começar uma vida nova ao lado dele, assim que pegarmos o maníaco. Mas...

Beth não conseguiu conter as lágrimas. Paulo, vendo o estado da moça, colocou as mãos dele sobre as dela e concluiu:

— Pelo jeito, a mãe dele não está gostando nada disso.

— Ela veio me oferecer dinheiro para me afastar de Mário e ainda me ameaçou de morte. Disse que eu me arrependeria amargamente se contasse sobre nossa conversa a alguém.

— Ah! Então quer dizer que a frágil e dramática Olga a ameaçou?

— O que você quer dizer com isso, Paulo?

— Ora! Essa mulher é misteriosa, e eu não confio nela. E depois, se uma senhora de boa família, cheia de moral e bons costumes, sai de sua casa na calada da noite para ameaçar uma garota de programa na Rua Augusta, o que ela não seria capaz de fazer?

— Você não a está colocando em sua lista de suspeitos, está?

— É claro que sim! Olga é uma mulher de cinquenta anos, forte, de corpo bem cuidado, é magra e tem pouco busto. Com uma roupa preta e um capuz, passaria muito bem por um homem.

— Isso é loucura... mas, pensando bem, pela forma como ela falou comigo, não posso duvidar muito... E já que você tocou no assunto, Paulo... Júlia também é mulher. O que acha dela?

Um brilho indefinido pôde ser visto nos olhos de Paulo, que respondeu:

— Você é muito esperta. Eu não deveria, mas vou lhe falar. Júlia está na minha caderneta de suspeitos. Ela é mal-amada. O marido dela a troca por garotas de programa, e acredite que uma mulher com orgulho ferido é capaz de qualquer coisa.

— Concordo! Embora tenha gostado dela, senti certa falsidade naquele jeito de mulher compreensiva à espera de um milagre em seu casamento.

— Esses crimes estão me deixando de cabelos brancos. Outro suspeito que devemos levar em consideração é César.

— César? — repetiu Beth espantada.

— Por que o espanto? Não se esqueça de que a mãe dele se separou do pai por causa da vida promíscua que ele levava. Talvez, ele tenha resolvido se vingar matando qualquer garota de programa que encontrasse pela frente. Falo isso, porque sei que ele também tem saído de casa usando peças de roupa da cor preta nas noites em que aconteceram os crimes.

— E não podemos descartar ninguém!

— Correto. Em um caso como esse, qualquer um pode ser o maníaco. Um psicopata, embora tenha um temperamento desequilibrado e agressivo, nem sempre o demonstra em sociedade. Na verdade, é muito difícil perceber quando estamos lidando com um.

— E por falar em temperamentos agressivos, deixe-me ir embora. Já está tarde, e meu irmão está de marcação cerrada comigo. Ah! Só mais uma pergunta! Você já descobriu se o sangue encontrado naquela camisa é da última vítima?

— Ainda não. Talvez eu possa lhe responder na próxima quinzena, isto é, se você ainda estiver por estas bandas.

— Não se preocupe! Enquanto o maníaco não for capturado, continuarei por aqui. Prometi ajudar você e cumprirei minha palavra. Não se esqueça de que, se nossas suspeitas estiverem certas, eu posso ser a próxima vítima.

— É por isso que gosto de você! Sua determinação me causa inveja! — brincou Paulo, no intuito de descontrair a conversa.

— Sem graça! Agora, deixe-me ir para casa. Se tiver qualquer novidade, você sabe onde me encontrar.

Beth deixou o local ainda com as palavras de Olga em sua mente, o que a fez se questionar se valia a pena levar o relacionamento com Mário adiante, tendo a sogra como sua inimiga declarada.

Capítulo **15**

Os dias que se seguiram foram agitados para todos. Faltava pouco para a inauguração da butique, o que estava deixando a família ocupada com os últimos preparativos. Beth, por sua vez, estava muito preocupada, pois, além de Olga, que fora procurá-la mais duas vezes, Paulo ainda lhe avisara que o resultado da perícia do sangue na camisa que ela disse ter encontrado sairia em poucos dias.

A noite chegou e com ela todos os encantos e perigos que envolviam as grandes cidades também. Fábio ligou para casa. Precisava falar com o irmão, mas ninguém atendia ao telefone, o que o deixou irritado. Decidido, voltou para o casebre, onde, após pegar sua carteira, saiu em seguida.

Júlia estava sentada no sofá da sala folheando uma revista, quando a empregada chegou com o telefone na mão. Era Adalberto, que avisava que não voltaria a tempo de jantar em casa, o que fez Júlia interromper a ligação sem terminar de ouvi-lo.

— Desgraçado! Hoje ele me paga! — comentou ao entregar o aparelho para a empregada, que se limitou a fazer um gesto de pesar e sair em seguida.

Marília lavava a louça do jantar, quando César se aproximou dizendo:

— Vou dar uma volta! A senhora se incomoda de ficar sozinha?

— Claro que não! Clara disse que não voltaria tarde da casa da amiga. E estou esperando Olga, que estava nervosa quando saiu para dar uma volta. Sei que ela só voltará quando estiver mais calma. Vá em paz, meu filho!

César beijou a mãe e saiu. Afonso, que ouviu a conversa, olhou para Telma dizendo:

— César já percebeu que algo vai acontecer esta noite. Ele tem uma sensibilidade incrível e sempre foi assim. Fico feliz em vê-lo usando seus dons para fazer o bem ao próximo. Se todos que possuem esses dons latentes fizessem o mesmo, este mundo seria melhor... Mas tudo tem seu tempo para acontecer, não podemos nos esquecer disso.

— Você fala com tranquilidade! Nem parece que está preocupado com o que vai acontecer esta noite!

— E não estou! Tudo o que o universo faz é perfeito! Quem tem medo não tem fé, e quem não tem fé não tem Deus. Portanto, o que me resta a fazer é rezar e pedir a Deus e aos bons espíritos que tudo corra conforme a vontade do Pai, não conforme a minha!

— Eu gostaria de ter a paz que sinto vindo de você. Sei que está certo, mas meu coração acelera só de pensar no que vai acontecer!

— A ansiedade não nos levará a nada. O que tiver de ser será. Venha! Ainda temos algum tempo. Preciso falar com Marília.

Os dois espíritos aproximaram-se de Marília, que estava sentada na poltrona da sala. Afonso pôs-se a ministrar-lhe passes energéticos, que a fizeram relaxar e dormir. Em pouco tempo, seu corpo perispiritual deixou o material. Ao levantar-se, viu o marido e correu para abraçá-lo, dizendo:

— Afonso, meu querido, que saudade! O que faz aqui?

— Eu e Telma estamos aqui para ajudá-la. As próximas horas serão difíceis para você, mas Deus está conosco e tudo dará certo. Você só precisa ser forte e fazer preces para nos ajudar com suas energias.

Marília olhou à sua volta, viu Telma e sorriu. Depois, olhou novamente para Afonso e falou:

— Eu sei que hoje limparei uma parte de minha vida. Só espero conseguir suportar essa prova que eu mesma escolhi.

Afonso abraçou-a com carinho, e os dois ficaram assim por um longo tempo. Telma, que assistia a tudo de longe, comoveu-se.

Afonso despediu-se da esposa, fazendo-a voltar à matéria. Marília acordou de sobressalto, lembrando-se por alguns segundos do marido e sentindo ainda o perfume no ar. Ela, então, levantou-se, serviu-se de um copo d'água e bebeu tranquilamente, embora seu coração lhe dissesse que algo de muito importante aconteceria em sua vida. Preferiu ficar com as boas lembranças do sonho que tivera com seu grande amor.

A noite fria e chuvosa fez Beth tremer. A moça já não estava mais na rua para oferecer seu corpo, mas para ajudar Paulo. E foi com esse pensamento que ela se pôs a andar de um lado para o outro até avistar a bela Sara, que, ao vê-la, abriu um largo sorriso. Cumprimentando-a com leves beijos na face, comentou:

— Há quanto tempo não a vejo, Beth! Como tem passado?

— Estou bem! E você? Achei que tivesse desistido desta vida!

A jovem suspirou profundamente. Beth a recriminara desde a primeira noite em que se encontraram. Lembrando-se de todos os conselhos da amiga, Sara respondeu melancolicamente:

— Foi bom encontrá-la! Até hoje, você foi a única pessoa que realmente me ajudou. Sabe como é... as meninas geralmente não querem o bem das outras, e a inveja e a maledicência são frequentes neste meio. Sem falar daquelas que usam drogas e querem a todo custo que nós passemos a consumir também! Estou cansada desta vida. Estou disposta a desistir de tudo. Sei que, devido às circunstâncias, tive de me prostituir, mas agora as coisas melhoraram. Minha mãe arrumou um emprego, e eu juntei algum dinheiro que servirá para cobrir algumas despesas até eu começar a trabalhar decentemente. Quando saí de casa, disse a mim mesma que esta seria a última noite na prostituição. Agora, encontrando você, tenho certeza de que vou cumprir minha palavra!

— Vai, vai sim! Tenho certeza de que será muito feliz, menina. E que encontrará um amor verdadeiro, que vai levá-la ao casamento e lhe fará muito feliz. E vocês terão lindos filhos e uma vida próspera. Sabe por quê? Porque você tomou a decisão certa. Esta vida não nos leva a nada. O dinheiro entra, mas foge de nossas mãos, pois não é abençoado pelo trabalho laborioso e verdadeiro. E isso nos leva a querer sempre mais e mais, até que nos emaranhamos nessa situação por toda uma vida. Sara, seja feliz por mim e por você!

Beth abraçou a moça, deixando as lágrimas lavarem sua alma. Sara, comovida com as palavras da amiga, chorou também de emoção, encerrando naquele momento sua vida na prostituição. As duas ficaram abraçadas por um bom tempo até se despedirem uma da outra, prometendo que se encontrariam um dia desses. Então, Sara desapareceu em meio à fraca neblina que começava tomar a cidade da garoa.

A noite ia alta, quando Marília, cansada de esperar pela irmã e pelos filhos, apagou as luzes da casa e foi para seu quarto. Ela colocou a camisola, deitou-se na cama e já estava quase dormindo, quando alguém entrou lentamente no cômodo com uma arma nas mãos e pegou-a de surpresa. Marília deu um leve grito de susto, e a voz lhe ordenou enérgica:

— Cale-se e não acenda as luzes! Se der mais um grito, eu a mato!

Assustada, Marília decidiu fazer o que lhe foi mandado e respondeu em tom baixo:

— Quem é você e o que quer de mim? Pode levar tudo o que tenho, mas não me faça mal!

Um riso sarcástico pôde ser ouvido no quarto:

— Eu não quero seu dinheiro! Eu quero vingança! Quero que sofra!

— Me diga quem é você. Talvez eu lhe tenha feito algum mal, mas pode ser algum engano.

— Engano? Não, dona, não há engano algum! Você destruiu minha vida e agora estou aqui para lhe cobrar!

Apesar do nervosismo, Marília fechou os olhos, procurando reconhecer aquela voz, mas foi em vão. Ela nunca a ouvira antes. Marília, então, respirou fundo e, procurando conter-se, falou em tom quase suplicante:

— Desculpe, mas se eu lhe fiz algum mal, me diga que mal foi esse, para que eu possa me redimir. Tenho esse direito!

— Direito? Que direito? Você quer mesmo saber o que me fez? Então, venha aqui! Marília foi pega pelo seu algoz agressivamente e conduzida até a sala, onde ele poderia ver da janela o movimento da rua e a possível entrada de alguém na casa.

Telma e Afonso, que estavam no recinto, procuravam aplicar energias de coragem em Marília, rogando a Deus para ajudá-la naquele momento.

Beth decidiu ir embora para casa. O reencontro com Sara a fez ficar melancólica. Embora o clima da noite a fizesse sentir-se desprotegida pelo tardar das horas, seus passos eram lentos. Estava acostumada com a noite e seus desafios. Não era mulher de andar rápido apenas pelo simples fato de estar sozinha na madrugada. A moça, então, pensou em Mário, o que acabou fazendo seu coração bater descompassado. Estava apaixonada.

Pouco depois, seus pensamentos se dispersaram, quando ela sentiu que alguém a estava seguindo. A moça olhou para trás e pôde confirmar que uma pessoa vestida com uma roupa preta vinha a seu encontro. Beth, então, pôs-se a correr, pois tudo indicava que ela seria a próxima vítima. Por segundos, lembrou-se de Paulo, que lhe dissera que ela estava sob proteção policial. "Mas onde está?", pensou desesperada, ao perceber que seu perseguidor estava cada vez mais próximo.

Por segundos, o instinto de sobrevivência de Beth a fez correr com mais gana, mas uma pedra fez o salto de seu sapato quebrar-se, fazendo-a cair. Um grito desesperado ecoou da boca de Beth, sendo essa sua última reação antes de desmaiar.

Quanto tempo a moça ficara desfalecida? Não conseguiu saber. Beth acordou vislumbrando a imagem de Roberta lhe dando leves tapinhas no rosto. Ao voltar a si, pôde notar que vários policiais estavam à sua volta.

Ao vê-la consciente, Roberta ajudou Beth a se levantar dizendo:

— Pegamos o maníaco. Venha! Vou levá-la até o pronto-socorro. Com o tombo, você bateu a cabeça e desmaiou. Vamos fazer uma radiografia, e, se estiver realmente bem, a levarei à delegacia depois, pois você terá que fazer o reconhecimento do criminoso.

Beth não respondeu, pois estava nervosa demais para articular palavras, e seguiu a policial sem fazer perguntas.

❧❧❧

Olga chegou à porta da casa da irmã, pegou seu molho de chaves, procurando a que pertencia à fechadura, quando ouviu uma discussão que vinha de dentro da casa. "Otávio! É ele!", pensou, afastando-se do portão de entrada e procurando se manter próxima ao muro para não ser vista. Ela pensou em chamar a polícia, mas desistiu, pois achou que a demora e o alvoroço dos policiais poderiam pôr em risco a vida da irmã. Por fim, Olga decidiu agir por conta própria.

Ela foi até a rua de trás, onde poderia pular o muro e entrar na casa sem ser vista. Pouco depois, colocou seu plano em prática e, mesmo com alguma dificuldade, conseguiu entrar na casa, abrindo a porta dos fundos lentamente.

Ao chegar à cozinha, Olga pegou uma faca que estava na pia e procurou se aproximar da sala. A luz apagada dificultava sua visão, mas ela podia ouvir muito bem as acusações feitas à sua irmã.

Decidida, Olga respirou fundo e entrou na sala. Indo em direção à pessoa, ela tentou dar-lhe uma facada nas costas, mas não conseguiu, pois o homem conseguiu se desviar e entrar em uma briga corporal com ela.

Marília, ao ver a cena, tentou atingi-lo, mas seu acusador fora mais rápido, pegando a arma de fogo e atirando primeiro em Olga, que foi ao chão sem reação, e depois em Marília, que, com a dor, caiu perto da irmã.

Acreditando que cumprira seu intuito, o atirador tratou de sair da casa rapidamente, deixando para trás um rastro de dor e angústia, com a certeza de que havia acabado de uma vez por todas com a vida daquela que para ele era a responsável por todas as suas dores.

A vida parecia estar brincando com nossos personagens. As horas que estavam por vir decidiriam o rumo de todos... ou nem tanto. Muito teria que ser esclarecido. Quem era o maníaco da Rua Augusta? Será que fora Otávio quem procurara por Marília depois de tantos anos para se vingar? O que será que Deus, em sua infinita bondade, estava reservando para todos? Bem! Vamos continuar nossa história, partindo do princípio de que a vida não pode parar e nada fica sem uma resolução no universo.

Beth entrou na delegacia acompanhada de Paulo, que a conduziu até uma sala onde havia um vidro espelhado, por meio do qual era possível ver a outra saleta. Pouco depois, uma figura conhecida entrou no local para o reconhecimento, fazendo a jovem empalidecer ao vê-la. Paulo, ao notar o estado da moça, comentou:

— Como pode ver, não era um assassino, mas uma assassina.

— É ela? Mas quem diria! Por mais que tenha pensado nessa hipótese, não consigo acreditar ainda.

— Pois eu, sim. Uma pessoa traída e humilhada é capaz de qualquer coisa, Beth. Júlia não vivia bem com o marido e colocava a culpa nas garotas de programa que saíam com ele.

— Ela confessou os crimes?

— Não. Nega e diz ser inocente, mas todos fazem isso. Ela foi pega em flagrante ao tentar matá-la. Portanto, pediremos a prisão preventiva de Júlia, o que facilitará a conclusão das investigações. Em breve, teremos provas suficientes para incriminá-la.

— Fico triste em saber que se trata de alguém que conheço, mas me sinto aliviada. Agora, posso começar uma nova vida longe de tudo isso.

— Fico feliz por você, mas vou lhe avisando que terá de prestar vários depoimentos até o final das investigações, portanto nos veremos inúmeras vezes.

— Eu pensei que ficaria livre de você, mas pelo jeito meu carma é aguentá-lo! — Beth deu um beijo no rosto de Paulo e se despediu.

Quando chegou em casa, a moça tirou a roupa que estava usando e jogou-a no lixo junto com seu pseudônimo, que, a partir daquele momento, ela não usaria nunca mais. Ficaria em seu passado, morto e enterrado, e a moça viveria dali para frente uma nova vida com seu verdadeiro nome: Beth!

Voltemos algumas horas no relógio da vida, para sabermos o que acontecia com Olga e Marília.

O barulho dos tiros chamou a atenção dos vizinhos, que avisaram à polícia. Pouco depois, algumas viaturas chegarem ao local, e os policiais entraram na casa após arrombarem a porta da frente, encontrando Olga e Marília caídas ainda com vida. Em poucos segundos, a ambulância chegou ao local.

César chegava em casa, quando viu as ambulâncias saírem com a sirene ligada. Afoito, procurou por um policial e, após se identificar, ficou sabendo do ocorrido. O rapaz pegou o carro e foi ao hospital indicado.

No meio do caminho, ligou para Mário pelo celular e avisou-o do acontecido.

Já amanhecia, quando o médico responsável pelas irmãs foi falar com a família. Ao vê-lo, Clara foi logo questionando:

— Então, doutor, qual é o estado de saúde das duas?

O médico não respondeu e convidou os três para irem até sua sala. Lá chegando, acomodou-os nas cadeiras e, então, explicou:

— Marília chegou aqui com um projétil instalado um pouco acima do peito, e, por sorte, a bala não atingiu o coração. Nós a operamos com sucesso, mas não podemos dizer se ela sobreviverá ou não, pois as próximas horas serão decisivas. Olga levou dois tiros: um no abdome e outro no peito. Ela ainda está sendo operada, e não podemos lhes dar nenhuma esperança, pois o estado dela é gravíssimo. Peço a vocês que aguardem pacientemente por outras informações.

Os três saíram da sala. César, procurando ser forte, conduziu a irmã e o primo até a cantina do hospital, onde pediu três xícaras de café com leite. Clara, ao sentar-se à mesa para tomar o café, comentou:

— Meu Deus! Por que será que estamos passando por isso? Nossa casa foi assaltada, e nós nem estávamos lá para defendê-las!

A moça pôs-se a chorar. Mário passou a mão no rosto da prima e tornou:

— Não se culpe! Deus sabe o que faz. Cada um passa pelo que tem que passar. Eu sei que é difícil aceitar uma situação como essa, mas temos que tentar. Por elas!

— Mário está certo, Clara! — continuou César. — Não podemos nos abater. Há de dar tudo certo. Confiemos na providência divina, minha irmã!

Os três voltaram à sala de espera, onde Mário fez uma sentida prece, pedindo a Deus que o melhor fosse feito na vida da mãe e da tia que tanto amava.

Capítulo **16**

Adalberto chegou à delegacia acompanhado de seu advogado. À porta, vários jornalistas desejavam entrevistá-lo, o que o deixou ainda mais irritado.

Adalberto foi conduzido à sala do delegado, que, após trocar algumas informações com o advogado, liberou sua entrada na cela privativa em que Júlia estava. Ao se aproximar, encontrou-a chorando e, sem se preocupar com as lágrimas da mulher, a questionou:

— Que loucura é essa, Júlia? Eu sempre achei que você era capaz de qualquer coisa, mas matar? Essas pobres moças já levam uma vida difícil, sujeitando-se a todo tipo de sorte! Você não acha que elas já sofrem demais? Morte para elas é até um alívio! Que Deus me perdoe!

Júlia levantou-se. Aquele seria o momento ideal para limpar seu coração amargurado, pois já não tinha mais nada a perder em sua vida. Aos berros, ela respondeu:

— Você acha, Adalberto? Será? Se elas não estivessem nas ruas se prostituindo, talvez não estivessem mortas! Mas elas valem muito para você, não é? Estou errada? Quanto você paga a essas mulheres por uma noite de prazer? Aposto que você se realizava com elas! Quantas noites passei esperando-o acordada, cheia de desejos por você, sonhando com uma noite de amor, com carinhos e beijos ardentes, e a única coisa que encontrei foi meu travesseiro para abraçar e enxugar minhas lágrimas, enquanto você estava sendo de outra, pagando um preço qualquer...

Júlia fez uma pausa para enxugar as lágrimas que teimavam em cair por sua face. Após se sentir mais calma, prosseguiu:

— Sei que errei muito em nosso casamento. Achei que, cuidando da casa e de você, estava fazendo o melhor, mas me esqueci de cuidar da chama da paixão e do desejo e paguei caro por isso. Mas ninguém erra sozinho! Você teve sua parcela de culpa. Agora é tarde para voltarmos atrás. Você está literalmente livre para fazer o que bem quiser de sua vida. Daqui por diante, deixe que eu mesma prove minha inocência e saia daqui. Quando isso acontecer, lhe darei o divórcio.

Adalberto não sabia o que falar. Pela primeira vez em sua vida conjugal, pensou nos sentimentos da esposa e no quanto fora egoísta, pensando exclusivamente em seus desejos levianos. Ele, então, comentou:

— Não vamos pensar em separação neste momento. Precisamos estudar sua defesa. Meu advogado está aqui e logo falará com você. Por ora, é o que temos a fazer. Agora, tenho que ir, pois já encerrou o tempo que o delegado me concedeu para ficar aqui.

Adalberto despediu-se da esposa e saiu, deixando Júlia perdida em seus pensamentos.

A noite chegou trazendo dor e sofrimento. Mário estava à porta da sala, onde o corpo de Olga seria velado. Sua mãe não sobrevivera à operação, fechando os olhos para esta existência e despedindo-se da matéria que seu espírito usara por pouco mais de cinquenta anos.

Quando chegou acompanhada de Clara e César e viu o namorado sozinho, Beth correu para abraçá-lo, sem conseguir pronunciar uma palavra. Fábio, que ficou sabendo da notícia pela TV, chegou ao local pouco depois.

Na sala, a família e alguns amigos esperavam a chegada do corpo, que foi levado à casa por volta das onze horas da noite. Luiz, que cuidara de todos os detalhes do sepultamento, juntou-se ao grupo pedindo que todos o seguissem em uma prece pela alma de Olga. O rapaz falava comovido sobre vida após a morte e, no final, endereçou votos de felicidade e paz à nova vida de Olga no plano espiritual.

A noite passou lentamente, e foram muitos os comentários feitos sobre o ocorrido. Todos falavam perplexos da violência e da falta de segurança nas grandes cidades.

Quando finalmente amanheceu, o caixão foi levado ao Cemitério da Consolação, onde o último adeus foi dado em clima de paz, pois a maioria das pessoas que ali estava acreditava na existência da vida além-túmulo, transformando esse último adeus em um "até qualquer hora".

César chegou em casa exausto. Após o enterro da tia, o rapaz levou Clara para o hospital, pois ela desejava falar com o médico e obter mais informações sobre o estado de saúde da mãe.

Clara decidiu ficar no hospital, pois o médico prometera que, em algumas horas, ela poderia entrar na UTI para ver a mãe. O rapaz, então, seguiu para casa, onde tomou uma ducha para sentir-se melhor.

César estava descansando, quando a campainha soou. Por alguns segundos, pensou em não atender à porta, mas, devido à insistência, levantou-se e foi ver quem era.

Ao abrir a porta, César deparou-se com um senhor de aparência séria, que foi logo dizendo:

— Meu nome é Bruno. Sou detetive particular. Sua mãe é minha cliente. Sinto muito pelo que aconteceu com sua família, mas preciso lhe falar.

— Entre, por favor!

César conduziu o detetive até a sala e indagou em seguida:

— Minha mãe o havia contratado para descobrir o paradeiro de Otávio, estou certo?

— Está! E é exatamente sobre isso que vim falar-lhe. Foi difícil, mas descobri o paradeiro dele...

O detetive contou tudo o que descobrira a respeito de Otávio, enquanto César empalidecia a cada palavra falada. No final, considerou:

— O senhor fez um ótimo trabalho, embora não saiba bem o que fazer com essa informação. A propósito, minha mãe lhe deve algum dinheiro?

— Sim e não. Meus honorários foram pagos antecipadamente. Dona Marília fez questão de pagar tudo, mas prometeu que, quando eu descobrisse onde Otávio estava, me daria uma gratificação. Mas não precisa se preocupar com isso. Quando sua mãe estiver melhor, conversaremos.

César acompanhou o detetive até a porta e saiu em seguida rumo ao hospital. Ao encontrar a irmã, recebeu notícias positivas sobre o estado de saúde da mãe.

Com notícias atualizadas sobre Marília, César decidiu seguir até a delegacia onde Paulo trabalhava. Ao encontrá-lo, relatou o encontro que tivera com o detetive que sua mãe contratara, colocando-o a par da situação. Paulo ouviu tudo atentamente e, no final, prometeu a César que faria uma investigação mais profunda sobre o caso, dando um rumo inesperado aos acontecimentos.

A noite ia alta, quando um homem vestido de branco entrou discretamente no hospital, procurando não ser notado. Andou tranquilamente pelos corredores, pois conhecia as dependências daquele local. Por fim, não foi difícil encontrar a UTI.

Ao chegar à porta, o homem olhou para os lados e certificou-se de que ninguém estava por perto, entrando lentamente na ala. Procurando agir rápido, olhou cada local até encontrar Marília. Assim que a avistou, alcançou rapidamente seu leito.

Estava tudo planejado. A penumbra facilitaria sua manobra. Mataria Marília de forma rápida e sem levantar suspeitas. Desligaria os aparelhos que a estavam ajudando a viver durante o tempo que julgasse necessário e os religaria em seguida.

Sorriu ao vê-la entre a vida e a morte. Terminaria ali o que começara. O homem respirou fundo, virou-se para o aparelho de oxigênio e já ia desligá-lo, quando, de repente, as luzes se acenderam. Havia policiais vigiando discretamente a UTI. Um deles apontou uma arma para o rapaz. Paulo, que estava junto, aproximou-se dizendo:

— Você está preso! Demorou, mas eu o peguei.

O rapaz não tentou resistir, pois sabia que de nada adiantaria. Só estaria complicando ainda mais sua situação.

— Não há crimes perfeitos, meu caro! Eu sabia que tentaria terminar o que começou.

Paulo tirou o rapaz da sala, tentando fazê-lo o mais rápido possível, pois estava em um local onde não poderia colocar em risco a vida de pessoas que já estavam em estado delicado.

Chegando à delegacia, Paulo colocou-o na sala de interrogatório, puxou uma cadeira e o fez sentar-se. Após olhar bem no fundo dos olhos do rapaz, falou calmamente:

— Sei de tudo. Não precisa mentir. Tenho todas as provas de que preciso para fazê-lo apodrecer na cadeia por assassinar cruelmente e premeditadamente garotas de programa, por invadir uma casa e fazer mais uma vítima fatal, deixando outra em estado grave. Como você roubou a casa no intuito de despistar a polícia, responderá também por latrocínio, por roubo seguido de morte. Como pode observar, sua ficha corrida está mais suja que pau de galinheiro. Portanto, só me diga o porquê!

O rapaz baixou os olhos e respondeu:

— Eu odeio prostitutas! Elas acabaram com a vida de meus pais.

— Eu odeio jiló, mas nem por isso tento destruir todas as plantações que vejo à minha frente! Isso não justifica. Aliás, nada justifica um crime!

O assassino levantou-se da cadeira. Estava nervoso demais para ficar sentado. Por fim, respondeu exaltado:

— Você diz isso, porque teve uma vida normal. Você não sabe o que é ter uma mãe que vivia chorando pelos cantos porque seu pai era um leviano. Quer que eu lhe conte um pouco sobre a droga da minha vida, seu filho da mãe? Pois vou lhe contar! Quando eu tinha seis anos, meu pai veio morar com minha mãe. Eles moravam separados, e eu não entendia o porquê. Naquele dia, eu fiquei feliz, era tudo o que eu queria. Ver meu pai e minha mãe juntos disso. Nessa época, minha irmã era pequena; devia ter uns três anos. Pensei que finalmente seríamos felizes, mas não foi bem isso o que aconteceu. O tempo foi passando, e meu pai quase não parava em casa. Uma noite, eu acordei assustado. Meus pais estavam discutindo, e eu saí do meu quarto para ouvir o que eles falavam. Minha mãe gritava: "Você está indo para São Paulo atrás daquela prostituta e agora quer que nos mudemos para lá para ficar mais perto daquela safada!". Meu pai bateu nela, e minha mãe, por fim, acabou se calando. Viemos de mudança para cá. Eu não queria deixar minha escola, meus amiguinhos, minha cidade, mas não pude fazer nada. Tive ódio e então pensei: "Está certo! Se vou mudar, poderei matar a prostituta que fez mal à minha mãe!". Mesmo sem saber o que significava aquela palavra, eu jurei matá-la. Mas o tempo foi passando e nada da tal mulher aparecer. Quando fiquei um pouco mais velho, soube finalmente o que significava aquela palavra... Então, precisava descobrir qual era o nome da rival de minha mãe, pois meu pai continuava saindo todas as noites. Um dia, minha mãe estava chorando, o que não era novidade. Eu me aproximei dela e vi que ela estava nervosa. Ao me ver, minha mãe começou a me chacoalhar dizendo: "Você vai me prometer que nunca, em hipótese alguma, se aproximará dessas prostitutas! Todas as vezes em que encontrar alguma, você deve sentir ódio! Entendeu? Ódio! Elas acabam com famílias como a nossa, e você não quer ver a mamãe chorando!". Eu prometi a ela que odiaria qualquer garota de programa e assim o fiz. Alguns anos depois, mamãe teve um câncer e, pouco antes de morrer, me contou sobre Marília e a acusou de ser uma das responsáveis por seu sofrimento. Quando minha mãe morreu, jurei sobre seu caixão que um dia me vingaria. Meu pai, algum tempo depois, sofreu um derrame e está vegetando...

Paulo respirou fundo, tentando imaginar como aquele ser vivera até ali. Ele era um policial e deveria ser imparcial, mas ficou pensando em como aquele rapaz fora maltratado e em quantas ideias errôneas foram jogadas em seu subconsciente, para levá-lo a matar cruelmente aquelas pessoas.

Paulo sabia que nada justificaria um crime e que Pedro seria julgado e condenado de acordo com a lei. De sua parte, deveria ser o mais imparcial possível, portanto, não atiraria a primeira pedra ao rapaz, pois, se fizesse isso, estaria sendo igual a ele e alimentaria sua crença no "olho por olho, dente por dente". Diante disso, Paulo saiu da sala, pegou duas canecas de café e voltou em seguida. Ofereceu uma para o rapaz, que, embora tivesse achado o gesto estranho, aceitou a bebida. Paulo perguntou em tom amigável:

— Em que você pensava quando matava aquelas moças?

— Você quer saber de tudo, não é? Vou lhe contar... Bem, o tempo passou, e eu fui esquecendo... Quer dizer, fui tentando esquecer, pois todas as noites eu sonhava com minha mãe colérica, pedindo que eu a vingasse... Eu e minha irmã cuidamos de meu pai. Ela estava na faculdade e, segundo ela, era bolsista. Uma manhã, eu acordei com um barulho. Era Beth que estava chegando em casa. Fiquei preocupado e decidi vigiá-la. À noite, fui para meu quarto, mas não dormi. Vi Beth sair e decidi segui-la com o carro de meu pai, um fusca. Ela pegou um ônibus até a região da Consolação.

Pedro fez uma ligeira pausa e continuou:

— Chegando lá, estacionei o veículo, procurando não ser visto nem a perder de vista. Foi então que descobri que Beth, minha querida irmã, estava se prostituindo. Fiquei colérico! O ódio invadiu meu ser! E foi nesse momento que pensei que, se eu matasse a amiga dela, Beth ficaria com medo e sairia dessa vida. Então, depois de ver as duas conversando, decidi seguir a tal Telma. Vi quando ela encontrou Fábio, esperei o rapaz sair e a matei, colocando todo o meu ódio para fora. Eu podia ouvir a voz da minha mãe dizendo: "Mate-a! Mate essa vadia! Ela me fez mal! Acabe com ela!". O tempo foi passando, e Beth ainda não havia largado aquela vida. Depois, fiquei sabendo que ela se tornara amiga de uma moça chamada Clara. Inicialmente, achei bom, mas decidi descobrir de quem se tratava, quem era a família da moça. Beth havia me dado o número do telefone da casa de Clara. Eu procurei na lista pelo sobrenome e descobri que a linha estava no nome de Marília. Então, armei a vingança.

— Você está arrependido do que fez?

— Não! Fiz e faria de novo tanto com Marília quanto com as garotas.

— Só mais uma pergunta... Sei que você não teve relações sexuais com suas vítimas... por quê? Não gosta de mulheres?

— Eu nunca teria relações com uma mulher da vida. Eu apenas segui os conselhos de minha mãe de nunca sair com prostitutas. E vou lhe dizer mais! Se Beth não saísse daquela vida, eu a mataria. Prefiro ter uma irmã morta à meretriz!

Paulo calou-se, pois já tinha ouvido tudo o que precisava, e saiu da sala deixando Pedro com o delegado.

Beth chegou em casa acompanhada de Mário. Ao ver as luzes apagadas, estranhou. Pedro sempre deixava a luz da varanda acesa, e era ela quem apagava quando chegava. A moça pensou em seu pai, o que fez seu coração bater descompassado. Ao vê-la tremer, Mário indagou:

— O que houve? Você me parece nervosa.

— Aconteceu algo! Venha, entre!

Beth abriu a porta rapidamente, e Mário a seguiu sem falar nada. Os dois, por fim, entraram na casa.

Após chamar várias vezes pelo irmão, Beth dirigiu-se ao quarto do pai e tranquilizou-se ao vê-lo dormindo. Em seguida, voltou à sala onde Mário a esperava impaciente.

— Meu pai está bem, mas meu irmão não está em casa. Estou preocupada.

Beth mal terminou de falar, e o telefone tocou. Após dar uma breve olhada no identificador de chamadas, atendeu afoita.

— O que houve, Paulo? O quê? Mas como? Estou indo para aí.

A moça desligou o telefone, pálida. Por segundos, uma leve vertigem a acometeu. Ao vê-la quase desfalecer, Mário segurou-a e questionou:

— Algum problema? Onde está seu irmão?

— Paulo ligou. Tenho de ir à delegacia. Pedro está preso. Ele foi pego tentando matar dona Marília.

— O quê?

Mário tentou entender o que estava acontecendo, mas foi em vão. Ele pegou Beth pelos braços, e os dois foram juntos à delegacia. Meia hora depois, o automóvel do rapaz parava em frente ao distrito policial.

Mário e Beth entraram rapidamente na delegacia e avistaram Paulo, que, vendo os dois, os conduziu a uma pequena sala. Após se acomodarem, Paulo falou:

— Como eu havia lhe dito há pouco, seu irmão foi preso em flagrante ao tentar matar Marília.

— Mas que motivo ele teria para tentar matá-la?! Ele nunca a viu!

— Marília foi a primeira mulher de seu pai. Seu irmão descobriu isso antes de todos vocês.

Beth sentiu sua cabeça rodar. Aquilo era demais. Fora a gota d'água que lhe faltava para desencadear uma crise nervosa. Beth desmaiou de repente, sendo amparada por Mário, que, junto com Paulo, a fez voltar à realidade.

Por alguns segundos, Beth recordou-se de algumas atitudes do irmão, e as peças foram encaixando-se em sua mente. Primeiro, o temperamento agressivo de Pedro que vinha à tona quando ela tocava em algum assunto de que ele não gostava, principalmente assuntos que diziam respeito a relacionamentos amorosos. Depois, ela lembrou-se da camisa que encontrara no cesto de roupas sujas com algumas gotas de sangue e que entregara a Paulo, mentindo sobre o local onde a havia encontrado. Logo depois, Beth comprou outra igual e a colocou no lugar, com medo de que seu irmão desconfiasse de que ela estava mexendo em suas coisas e também por ter, mesmo que de leve, a desconfiança de que Pedro pudesse ser o maníaco da Rua Augusta.

Beth levantou-se. Depois de passar as mãos nos cabelos nervosamente, comentou:

— Então Júlia não é a assassina, e sim Pedro? Meu Deus! Meu irmão! Mas como? Por quê?

— Não deveria, mas vou lhe contar todo o depoimento de seu irmão.

Paulo contou com detalhes tudo o que Pedro lhe falara, sem esquecer uma vírgula. Ao ouvir o relatório do investigador, Beth começou a chorar descompassadamente. Mário, sem saber o que fazer, abraçou-a fazendo-a sentir-se segura em seus braços.

Paulo, vendo-a um pouco melhor, considerou:

— Seu irmão está em uma cela sem comunicação, mas, se você quiser vê-lo, darei um jeito.

— Quero sim, Paulo! Pedro deve pagar por seus crimes, mas é meu irmão e eu o amo.

— Então, vou pedir ao delegado para levá-la até ele.

Paulo saiu da sala. Beth, ao ver-se a sós com Mário, sentiu-se envergonhada, pois seu irmão matara a mãe do rapaz. Por alguns segundos, tentou imaginar o que se passava na mente do namorado. Certamente, ele não perdoaria Pedro nem continuaria a namorá-la, o que não seria errado. Se fosse o contrário, será que ela conseguiria levar adiante aquele compromisso? E com esses pensamentos, a moça aproximou-se de Mário, dizendo:

— Agora que sabe de tudo, não precisa mais ficar aqui. Eu compreendo que para você será difícil namorar a irmã do assassino de sua mãe.

Mário olhou para Beth, e aquelas palavras entraram em seu ser. Nem de longe ele pensara nisso. O rapaz lembrou-se de Olga. Sua mãe lhe era cara e lhe fazia falta e, por mais que ele acreditasse e até trabalhasse com os espíritos, o desencarne de Olga criara uma lacuna em seu peito. Agora que descobrira quem tirara a vida de sua mãe, uma revolta queria explodir em seu coração, mas, ao ver a figura tão sofrida de Beth tentando adivinhar o que se passava em sua alma, Mário se desarmou ao dizer:

— Não vou negar que o desencarne recente de minha mãe abalou um pouco minha estrutura, mas gosto de você e não posso responsabilizá-la pelos erros de seu irmão. Portanto, vamos colocar uma pedra em tudo isso. Beth, nada trará minha mãe de volta, e, quanto a seu irmão, um dia ele aprenderá a somente amar. A vida se encarregará disso. O que nos resta é viver nossas vidas da melhor maneira possível.

Beth não conseguiu responder. As palavras de Mário fizeram brotar um choro doído, limpando sua alma dos últimos acontecimentos.

Amanhecia, quando ela recebeu a autorização para ver Pedro. Pouco depois, Mário levou-a para casa, o que fez seu coração bater descompassado por segundos, pois percebera que de fato encontrara o amor de sua vida.

Capítulo **17**

Três meses depois...

Beth estava na loja, que ia de vento em popa, quando César entrou no local. A moça correu para abraçá-lo, pois, desde que descobriram que eram irmãos, os laços afetivos que já existiam entre os dois se estreitaram. Após os cumprimentos, César olhou para a moça e disse:

— Você está cada dia mais linda. O namoro com Mário está lhe fazendo muito bem, mas não vim aqui apenas para elogiá-la. Minha mãe quer vê-la. Ela a está esperando para o almoço.

Beth fez uma expressão séria. Desde que soubera o que seu irmão fizera, não teve coragem de ver

Marília. A moça até pensou em não trabalhar para ela, mas César e Clara fizeram questão e lhe disseram que Marília desejava vê-la trabalhando na loja. Todos, no entanto, concordaram com Beth que seria melhor adiar o encontro entre as duas, pois Marília viveria fortes emoções com a presença da jovem.

— Dona Marília está bem para me ver?

— Minha mãe é uma mulher forte. Todos nós passamos por momentos difíceis, mas temos de superá--los. Vamos!

— Só um minuto! Vou pedir a Michele para cuidar da loja em minha ausência. Já volto!

César ficou esperando. Pouco depois, pôde ver a figura altiva e bela de Michele, que, ao vê-lo, sorriu. Beth nem percebeu a troca de olhares entre os dois, que, sem ninguém saber, estavam namorando.

Beth e César, por fim, saíram rumo à casa de Marília. No caminho, conversaram animadamente, e não demorou para o automóvel do rapaz ser estacionado à porta da casa. César desceu do carro e abriu a porta para a irmã. Beth, ao olhar a casa, suspirou profundamente. Decidida, seguiu o irmão e entrou na residência.

Marília estava sentada no sofá da sala. Depois do que lhe acontecera, ela decidiu contratar uma empregada para cuidar da casa, pois seu estado de saúde, apesar de bom, se tornara frágil.

Ao ver a moça, Marília esboçou um sorriso singelo. Com um sinal de mãos, ela fez Beth sentar-se. César, então, decidiu deixá-las a sós, pois não queria presenciar a conversa.

Depois de acomodar-se, Beth comentou meio sem jeito:

— Fico feliz em vê-la bem!

— Eu sei! Você é uma boa moça. Gosto de sua presença, Beth, e é justamente por isso que a chamei aqui, pois não quero deixar nenhuma dúvida pairando no ar sobre isso. Sabe, Beth, a idade vai chegando e você, depois de passar por tantas experiências, começa a ter uma visão diferente sobre a vida. Acho que é justamente por isso que Deus nos deixa envelhecer... Pois bem! Você sabe de minha história de vida, então não preciso falar que foi uma surpresa saber da existência de seu pai vivendo tão perto de mim. Naquela noite em que seu irmão veio tirar satisfações comigo, ele me acusou de inúmeras coisas sobre as quais tenho minha consciência tranquila. Eu, no entanto, não o culpo. Ao contrário, eu até entendo Pedro. Aprendi que na vida ninguém é culpado ou inocente. Somos simplesmente pequenos seres que vivem de erros e acertos, no intuito de aprender com os dois lados de uma mesma moeda. Isso, na verdade, nada mais é que nosso processo de evolução espiritual. Evolução que nos elevará a Deus depois de uma enorme soma de acertos e de aprendermos muito com os erros. É para isso que estamos encarnados!

Marília fez uma breve pausa e tornou:

— Nesse tempo em que estive me recuperando, eu pensei muito em toda a minha vida... Sei que errei muito e não posso me isentar de minha parcela de culpa nisso tudo. Eu pensei em Otávio e em sua atual situação e sei que ele está aprendendo com o derrame. Pensei também em Pedro, que está preso e pagando na justiça dos homens por seu crime, e sei que Deus se encarregará de mostrar-lhe seus erros e que um dia seu irmão aprenderá com eles...

Marília fez uma pausa para tomar um copo com água que estava em uma mesinha ao lado do sofá e tornou a falar em seguida:

— Eu gostaria que você e Otávio viessem morar aqui. Seu casamento com Mário e seu trabalho vão lhe tomar todo o seu tempo. Vai ser difícil para você cuidar sozinha de seu pai.

— A senhora está querendo cuidar de meu pai, mesmo depois de tudo o que lhe aconteceu?

— Otávio é pai de meus filhos. Sou viúva e não pretendo me casar de novo. Amo Afonso e vou esperar até o dia em que, se Deus quiser, eu possa estar ao lado dele novamente. Até lá, vou dedicar minha vida ao próximo, começando por Otávio. Sei que vou poder ajudá-lo... Então, o que acha?

— Bem! Se a senhora está disposta, por mim tudo bem!

— Então está combinado!

Marília abriu os braços, e Beth a abraçou e beijou carinhosamente. O almoço já ia ser servido, quando a empregada anunciou a presença de Júlia, que fora convidada para a refeição.

O almoço transcorreu tranquilamente. Clara não parava de tagarelar com a irmã, enquanto Júlia e Marília conversavam animadas. No fim da refeição, Júlia pediu para falar com Beth. Marília, que já sabia o que a amiga queria com a moça, ofereceu seu escritório, onde as duas entraram, fechando a porta.

Júlia pediu para a moça se sentar e acomodou--se ao seu lado, dizendo:

— Você deve saber o que aconteceu, mas sinto que devo me explicar. Naquela noite, eu estava furiosa com Adalberto e decidi procurá-lo naquela região onde as moças fazem programas, pois eu sabia que poderia encontrá-lo lá. Procurei por todas as ruas e por todos os bares, mas não o encontrei. Já estava desistindo, quando a vi. Estranhei sua presença naquelas redondezas, pois não sabia o que você fazia, e tentei abordá--la para lhe perguntar se tinha visto meu marido. Achei que o tivesse visto, pois você o conhecera no almoço de aniversário de Clara. Foi só isso... mas lhe peço desculpas se eu a assustei.

— Não se preocupe, dona Júlia! Sou eu quem deve lhe pedir desculpas. Eu estava tão nervosa com toda aquela história que imaginei estar diante do assassino! E... acabei a colocando em maus lençóis.

— Aí é que você se engana! É claro que foi constrangedor passar alguns dias presa, mesmo porque minha foto foi divulgada em todos os jornais, mas há males na vida que vêm para o bem. Eu consegui falar tudo o que há muito tempo desejava falar para Adalberto, fazendo-o refletir sobre suas atitudes. Ele descobriu que ainda me ama, e decidimos recomeçar nossa vida juntos. Ele faz de tudo para me agradar, e eu tenho feito o mesmo. Parece que estamos novamente regando a planta do amor com muito carinho, diálogo e atenção, coisa que todo casal deveria fazer para não deixar essa "planta" morrer. Ele até decidiu se aposentar, e vamos nos mudar para o interior. Assim que tivermos organizado tudo, farei questão de receber você e Mário em nossa casa.

Beth esboçou um sorriso comovido e pôde perceber que, no final das contas, as coisas boas venceram as más. As duas se abraçaram carinhosamente, selando, assim, uma amizade sincera que possivelmente duraria pela eternidade.

A noite estava quente. Acompanhada dos filhos e de Beth, Marília chegou à casa de Luiz. Mário, que já estava no local, recebeu-os dizendo:

— Hoje, sinto algo de especial no ar. Primeiro, pelo retorno da senhora aos nossos trabalhos e, segundo, porque Fábio virá para a reunião.

— Que bom! Você não sabe o quanto fico feliz com essa notícia. Desde que Olga desencarnou, ele não pensa em outra coisa que não seja trabalhar e estudar.

— A senhora sabe que era tudo o que minha mãe queria que ele fizesse, não? E essa foi a forma que ele encontrou para se redimir com ela. Acho bom, mas isso não é tudo. Sinto que hoje a presença dele aqui o ajudará a encontrar um meio-termo.

Mário mal acabou de falar, e seu irmão entrou no recinto, juntando-se aos outros em seguida.

Pouco depois, a sessão começou. Todos ouviam atentamente as belas palavras pronunciadas por Luiz. As luzes se apagaram, e os médiuns começaram a dar passagem aos espíritos que estavam sendo esclarecidos.

Os trabalhos já estavam chegando ao fim, quando um médium começou a tremer. Luiz, que estava comandando os trabalhos, foi ao seu encontro e tocou sua mão direita, dizendo:

— Seja bem-vinda! Diga-nos o que deseja!

A médium esboçou um singelo sorriso de calma ao responder:

— Obrigada! Meu nome é Alba. Eu já vim aqui algumas vezes. Estava confusa, e minha mente me acusava a todo instante do mal que causei direta e indiretamente a alguns de vocês. E era por isso que eu sempre pedia perdão a Marília. No entanto, com a ajuda dos espíritos amigos desta casa, fui socorrida e aprendi que primeiramente precisava me perdoar e depois pedir perdão a Deus, demonstrando meu arrependimento por meio de atitudes. Hoje, estou aqui para esclarecer e contar a vocês alguns fatos sobre minha encarnação anterior a esta, que aconteceu na França, em meados do século 18. Eu me chamava Nina e tinha duas irmãs: uma se chamava Marie, e a outra, Olda. Vivíamos bem, nosso pai era um pequeno burguês, que, na medida do possível, nos tratava bem. Quando completei dezoito anos, conheci Horlan, um lindo rapaz um pouco mais velho que eu. Foi paixão à primeira vista. Em pouco tempo, tornamo-nos amantes. Meu pai, quando descobriu nosso romance, me expulsou de casa. Eu não me importei muito com isso, pois Horlan me assumiu, e passamos a morar juntos num casebre isolado. Para mim, era mais um castelo, pois meu marido me tratava como uma rainha. O tempo foi passando, e Deus me deu dois filhos lindos, que nós batizamos com os nomes de Pietro e Betine, o que aumentou ainda mais minha felicidade. Numa tarde, porém, eu estava cuidando das flores do jardim, quando Olda apareceu. Eu fiquei surpresa, pois nunca recebera nenhuma visita de minha família, e, nesse misto de alegria e surpresa, convidei-a para entrar em minha humilde casa. Durante nossa conversa, fiquei sabendo que Horlan e Marie mantinham uma relação secreta e que ela estava grávida dele. Quando meu pai soube disso, ele a levou a um bordel, como era o costume naquela época, e deixou-a sob os cuidados de uma cafetina chamada Telma. Fiquei sem saber o que falar e como agir. Meu mundo desabara, mas o que fazer? Na época, não podia me separar. Uma mulher sem marido era pior que uma leviana, então, pedi para Olda guardar segredo, pois, no momento oportuno, me vingaria de Horlan com a ajuda dela. O tempo foi passando, e meu marido continuou a procurar minha irmã, que se tornara de fato uma meretriz. Ele pagava pelos serviços dela, e desses devaneios nasceu Cesani, o segundo filho deles. A primeira criança, Clara, fora doada a um casal que não podia ter filhos, e o mesmo aconteceu com o menino. Mais dois anos se passaram. Olda casou-se com um homem bom e, sempre que podia, ia me visitar. Em uma dessas visitas, eu acabei desabafando com ela. Falei-lhe sobre todos os meus sofrimentos com aquela situação. Durante essa conversa, planejamos matar Horlan. Assim, eu me vingaria dele e de Marie, e ao mesmo tempo me tornaria uma mulher livre. Olda falou com o marido, que contratou um matador de aluguel. Um dia, Horlan foi caçar com Pietro e, em uma emboscada, foi morto. Meu filho, que já estava com dez anos, assistiu a tudo. Ele amava o pai e jurou vingança, sem saber que eu e Olda fomos as mandantes do crime. Marie, ao ficar sabendo da morte do amante, decidiu mudar de vida. Saiu da prostituição e fugiu com um mascate para outro país. Pietro cresceu com a ideia firme de matar o assassino de seu pai. Quando ele estava com dezoito anos, eu desencarnei, pois já não estava em meu juízo perfeito e acabei me afogando em um lago onde costumava me banhar. Ele e Betine acabaram descobrindo tudo sobre a morte do pai e juraram vingar-se da tia. Eles, no entanto, não conseguiram, pois Olda morreu de repente picada por uma cobra. O tempo passou, e Pietro acabou sua vida como matador profissional. Betine virou prostituta no bordel de Telma, onde a tia trabalhara. Passei vários anos vagando, até ser socorrida no astral. Passado algum tempo, me reencontrei com todos que fizeram parte de minha história, e juntos planejamos nosso reencarne. Eu não quis voltar na mesma família que minhas irmãs. Pretendi ter outras experiências. Olda e Marie reencarnaram como Olga e Marília, na mesma cidade que eu, mas nós nunca tivemos contato.

Horlan reencarnou como Otávio. Quando o conheci, nós nos apaixonamos. Hoje sei de tudo. A vida se encarregou de nos aproximar novamente, para passarmos a limpo nosso passado. Mas Deus, em sua infinita bondade, nos deu o livre-arbítrio... Eu já estava grávida de Pedro, quando ele conheceu Marília. Seu espírito leviano falou mais alto, e ele acabou casando-se com ela. Mais uma vez, tive ódio de minha rival. Levando uma vida dupla, Otávio se dividia entre as duas famílias. Eu fiz de tudo para separá-los. Cheguei a fazer trabalhos e despachos e me aliar a espíritos inferiores para conseguir meu intento. E consegui. Marília deixou Otávio, e ele passou a morar comigo. No entanto, colhi os maus frutos de minha péssima plantação, pois ele não conseguiu esquecê-la e nos fez mudar para São Paulo, desejando a todo custo ter Marília de volta. Ela, por sua vez, foi mais forte e conseguiu se desligar de vez dos laços que a ligavam a ele. Desde então, Otávio tentou esquecê-la nos braços de outras, o que fez aumentar ainda mais meu ódio pelas prostitutas. Ódio este que infelizmente plantei na mente de meu Pedro...

O espírito fez uma pausa. Relembrar seu passado e seus erros lhe era penoso demais. Após alguns instantes, continuou:

— Sei que errei... Hoje, aprendi que o amor é a base de tudo e que são sábias as palavras de Cristo, que nos ensina a amar a Deus sobre todas as coisas e ao próximo como a nós mesmos. Eu só rogo a Deus que me dê mais uma oportunidade de regressar à Terra e que, se me for permitido, eu volte cega, pois não consegui em duas encarnações ver a verdade da vida... Que eu volte surda para ouvir a voz da alma e muda para aprender a não mais praguejar, maldizer, julgar e pregar a discórdia. Só assim, voltarei a me sentir limpa perante a espiritualidade e feliz por retornar à Terra com minha mente tranquila. Obrigada a todos e que Deus os abençoe com seu manto de amor sempre!

Um leve suspiro saiu da boca da médium, e as luzes foram acesas. Beth e Marília não conseguiram segurar o choro. Ao sentir que aquela era a história de suas vidas, ninguém ousou falar nada, pois Alba, em poucas palavras, deixara a mensagem de que nada fica sem resposta no universo e que para sermos felizes temos de plantar as sementes do amor e da harmonia em nossos corações.

Capítulo **18**

— "Ando devagar porque já tive pressa e levo esse sorriso porque já chorei demais. Cada um de nós compõe a sua história e cada ser em si carrega o dom de ser capaz e ser feliz"[2] — cantarolava Fábio.

— Hum! Estou gostando de ver. Quanta animação, Fábio!

— Não é só animação. Sinta a letra dessa música e a verdade que há nela! Você sabe, meu irmão, o quanto agi de forma errônea em minha vida. Aprendi com o sofrimento que está dentro de mim a escolha de ser capaz e feliz. Eu posso escolher o caminho e escolho.

---

2 - Trecho da canção "Tocando em frente", composta por Renato Teixeira.

— Você tem razão! Creio que mamãe está muito feliz no plano espiritual ouvindo-o falar e agir assim.

— Sinto tanto a falta dela! Se não fosse a fé e o trabalho no centro espírita nesses dois anos, talvez eu não estivesse tão bem.

— Você se sente bem, porque aprendeu a dar valor à vida e a não ser leviano e fútil. No entanto, você só conseguiu tudo isso, porque sentiu a necessidade de mudar e de fazer uma reforma íntima, que é o que realmente importa... Agora venha me ajudar a terminar a pintura do meu quarto. Não se esqueça de que me casarei na próxima semana!

— Esquecer como? Beth se casará com você e, de contrapeso, terá que aturar minha presença morando com vocês!

— Não fale bobagens! Beth o adora e está muito feliz por você vir morar conosco.

— Eu sei disso, mas não acho justo. Quem casa quer casa. Eu só vou atrapalhar vocês.

Mário olhou nos olhos do irmão e respondeu em tom comovente:

— Eu não quero mais ouvi-lo falar assim. Você é meu irmão, e eu o amo. Esta casa é nossa, e eu e Beth queremos, de coração, que more conosco. Quando se casar, se você e sua esposa quiserem, é claro, podem vir morar conosco. A casa é grande e, com a graça de Deus, seremos uma família cada vez mais unida e feliz, pois onde existe amor há compreensão e principalmente união. Portanto, eu o amo muito, maninho!

Os dois irmãos se abraçaram carinhosamente, sinalizando uma vida feliz e harmoniosa naquela pequena família.

Otávio acordou com Marília abrindo as janelas de seu quarto, como fazia todos os dias desde que se mudara para aquela casa. Inicialmente, sentiu a falta de Pedro. Beth, ao perceber a tristeza do pai, disse que o irmão se mudara por causa do emprego. Ela não queria mentir, mas, diante do estado de saúde do pai, não encontrou outra saída senão omitir os fatos.

Ele olhou para Marília, que carinhosamente penteava seus cabelos. Por segundos, lembrou-se de todo o seu passado. A angústia e a dor lhe vieram à tona. Se pudesse voltar atrás, faria tudo diferente. Mas como, se ele amava Marília e Alba? Sem contar as outras aventuras amorosas passageiras que lhe eram habituais. Errara sim. Não conseguia controlar seu impulso, dando vazão a seus desejos sexuais. Fora egoísta e pensara só em seu prazer, esquecendo-se de pensar nos outros, nos sentimentos das mulheres com quem mantinha relações. Primeiro, enganara Alba, depois Marília, mantendo relacionamento com as duas.

Otávio olhou novamente para a ex-esposa, que falava sem parar sobre o casamento de Beth. "Que mulher perfeita! Ela sempre esteve certa, e eu não percebi antes. Eu fiz o que fiz com ela, a traí e enganei, e é ela quem cuida de mim com tanto carinho. Meu Deus, como o senhor é perfeito! Eu precisava passar por tudo o que estou passando, para perceber que sempre estive errado. Perdão, Deus! Espero que um dia possa recuperar o tempo perdido e provar a mim mesmo que aprendi realmente com meus erros".

Marília olhou para Otávio. Uma lágrima solitária insistia em rolar pela face magra do pai de seus filhos. Ela a enxugou carinhosamente, dizendo:

— Não chore! Eu estou aqui falando como uma gralha, sem me dar conta de que você pode não estar gostando da conversa. Vamos mudar de assunto. Beth se casará daqui a alguns dias, e a vida nos brindará com o amor e a promessa de fidelidade e felicidade eternas do casal, nos fazendo acreditar que dias melhores virão e que eu e você ainda podemos ser felizes — Marília deu um beijo na face de Otávio, saindo em seguida e deixando-o mais uma vez em seu monólogo, na prisão que ele mesmo construiu com seus atos equivocados.

Era tarde de domingo, quando Beth chegou ao presídio de segurança máxima onde Pedro cumpria uma pena de cento e cinquenta anos de prisão. Seu coração batia descompassado ao passar pelos longos corredores do local, que a levavam até uma saleta separada por um vidro. Seu irmão não podia ter contato corporal com quem quer que fosse, pois fora considerado um psicopata de alta periculosidade após vários exames realizados.

Beth pegou o interfone e, do outro lado, Pedro fez o mesmo.

— Semana que vem, como você sabe, eu me casarei. Não fique chateado... no próximo mês não poderei vir vê-lo, pois estarei em viagem de lua de mel.

— Eu já desconfiava. Não se preocupe. Logo, logo, você terá filhos, e sei que será difícil vir me ver com frequência. Eu preciso me acostumar a isso... Mas e papai? Sinto tanto a falta dele!

— Papai está bem. Dona Marília cuida dele com carinho. Não se preocupe!

— Você acha que não devo me preocupar com nada, não é? Está certo! Não devo mesmo. Aliás, estar trancado em uma cela como um animal perigoso é a única preocupação que devo ter... Mesmo porque, não estou sozinho.

— Como assim, Pedro? Você não pode falar com ninguém a não ser comigo!

— Você é que pensa... Elas conseguem entrar em minha cela! Essas malditas prostitutas vivem me acusando o tempo todo! Eu as mando embora, mas elas caçoam de mim, dizendo que não posso fazer nada contra elas. A única que me agrada é Olga. Sempre que ela aparece, as outras somem. Elas têm medo dela. Mas quando Olga vai embora, as prostitutas voltam, me xingam, blasfemam... Ah, esqueci! Mamãe sempre vem me ver também... mas eu não entendo! Ela e Olga são amigas...

A campainha soou, sinalizando o final da visita. Depois de se despedir do irmão, Beth saiu do local chorando.

Chegando à rua, Beth procurou por Mário, que, ao vê-la com lágrimas nos olhos, foi ao seu encontro, dizendo:

— Não fique assim. É difícil, eu sei, mas veja a situação com bons olhos. Seu irmão vai aprender muito com tudo isso!

— Eu sei, mas não é isso que me deixa chateada. Pedro me disse que as moças que ele matou estão se vingando dele.

— Pedro está sendo obsidiado. As vítimas dele não se conformaram e pelo jeito querem se vingar. Por mais duro que seja, isso será bom para ele. Vamos confiar em Deus! Quando seu irmão reconhecer seus erros, pedir perdão a Deus e desejar mudar, isso passará. Você verá.

Mário abraçou a noiva e a colocou no automóvel. Em poucos minutos, aquela prisão fria e com aspecto de sofrimento desapareceu dos seus olhos.

O crepúsculo descia sobre a Terra, quando Beth chegou à porta da casa que fora alugada especialmente para seu casamento. O jardim da bela mansão fora preparado para a cerimônia, que seria celebrada por um juiz de paz. Tudo estava arrumado e decorado com bom gosto e estilo.

Todos esperavam ansiosos pela noiva. Júlia e Adalberto vieram de sua fazenda especialmente para a ocasião. Clara e Luiz, que estavam namorando, foram convidados para serem os padrinhos de Beth. César e Michele seriam os próximos a se casarem. Paulo, a esposa e os filhos também compareceram à cerimônia, pois se tornaram amigos íntimos do casal. Todos estavam em seus lugares, quando a orquestra começou a tocar a marcha nupcial.

A noite estava começando linda, e o céu estrelado anunciava o brilho da festa. Beth entrou no local usando um vestido longo de cor azul bebê. Simples, porém deslumbrante. Mário olhava com ternura para a noiva, enquanto Marília passava as mãos no ombro de Otávio, que assistia à cerimônia em uma cadeira de rodas.

Pouco depois, o *sim* pôde ser ouvido por todos, confirmando a união do casal e mudando a vida de Beth, que passaria pela primeira vez em duas encarnações a ser esposa e companheira de um homem a quem realmente amava e respeitava, sendo feliz em sua nova vida.

Epílogo

Um ano depois...

— Queridos amigos! Hoje é um dia muito importante, pois, graças a Deus, Marília e eu conseguimos realizar um sonho. Sei que o trabalho está apenas começando, e este é o primeiro passo. Para quem ainda não sabe, o objetivo da ONG que está sendo inaugurada hoje é combater a prostituição infantil e dar condições para que todas as garotas de programa possam mudar suas vidas. Inicialmente, daremos cursos de corte e costura, cabeleireiro e maquiagem. Parece pouco, mas, para quem não tem nada, é muito. Portanto, Marília e eu não vamos descansar. Iremos a todos os pontos de prostituição desta cidade e convidaremos todas as garotas para saírem dessa vida. Se vamos conseguir acabar com a prostituição? Acho que não, pois nem todas estão preparadas para mudar. No entanto, todas as moças e mulheres que quiserem aproveitar a oportunidade serão bem-vindas... Que Deus e os bons espíritos estejam conosco!

— Ele está, Beth! Tenha certeza disso — respondeu Olga, que estava acompanhada de Afonso, Alba e Telma, que, comovida com as palavras da amiga, comentou:

— Deus, em sua perfeição, sabe o que faz. E com a graça dEle, esta organização trará sonhos a quem só conhece a dura realidade de quem se acomoda ao dinheiro "fácil" do difícil trabalho do sexo. Paz aos corações sem sossego das pobres garotas de programa. E que cada gota de amor colocada no balde do universo se transforme em um oceano de paz, alegria, esperança e felicidade. Que Deus abençoe a todos!

Lágrimas de felicidade caíram dos olhos dos quatro, que logo volitaram abraçados rumo à espiritualidade maior, deixando pairar no ar da casa onde fora instalada a ONG um clima de harmonia e a certeza de que tudo está correto. E a certeza de que, mesmo quando erramos, os acertos aparecem para nos elevar rumo ao infinito.

FIM

ZIBIA GASPARETTO

Com 17 milhões de títulos vendidos, a autora
tem contribuído para o fortalecimento da literatura
espiritualista no mercado editorial e para a popularização
da espiritualidade. Conheça os sucessos da escritora.

Romances
pelo espírito Lucius

A verdade de cada um

A vida sabe o que faz

Ela confiou na vida

Entre o amor e a guerra

Esmeralda

Espinhos do tempo

Laços eternos

Nada é por acaso

Ninguém é de ninguém

O advogado de Deus

O amanhã a Deus pertence

O amor venceu

O encontro inesperado

O fio do destino

O poder da escolha

O matuto

O morro das ilusões

Onde está Teresa?

Pelas portas do coração

Quando a vida escolhe

Quando chega a hora

Quando é preciso voltar

Se abrindo pra vida

Sem medo de viver

Só o amor consegue

Somos todos inocentes

Tudo tem seu preço

Tudo valeu a pena

Um amor de verdade

Vencendo o passado

ROMANCES
EDITORA VIDA & CONSCIÊNCIA

Amadeu Ribeiro

A visita da verdade

Juntos na eternidade

O amor não tem limites

O amor nunca diz adeus

Reencontros

Segredos que a vida oculta vol.1

A beleza e seus mistérios vol.2

Ana Cristina Vargas
pelos espíritos Layla e José Antônio

A morte é uma farsa

Em busca de uma nova vida

Em tempos de liberdade

Encontrando a paz

Intensa como o mar

O bispo

O quarto crescente

Sinfonia da alma

Loucuras da alma

André Ariel

Surpresas da vida

Em um mar de emoções

Eu sou assim

Carlos Henrique de Oliveira

Ninguém foge da vida

Tudo é possível

Carlos Torres

A mão amiga
Querido Joseph (pelo espírito Jon)

Eduardo França

A escolha
A força do perdão
Enfim, a felicidade
Vestindo a verdade
Vidas entrelaçadas

Evaldo Ribeiro

Eu creio em mim
O amor abre todas as portas

Flávio Lopes

A vida em duas cores
Uma outra história de amor

Floriano Serra

A outra face
A grande mudança
Nunca é tarde
O mistério do reencontro
Ninguém tira o que é seu

Gilvanize Balbino

pelos espíritos Ferdinando e Bernard

O símbolo da vida
De volta pra vida (pelo espírito Saul)

Leonardo Rásica
Celeste - no caminho da verdade

Lucimara Gallicia
pelo espírito Moacyr

O que faço de mim?
Sem medo do amanhã

Lúcio Morigi

O cientista de hoje

Marcelo Cezar
pelo espírito Marco Aurélio

A última chance
A vida sempre vence
Coragem para viver
Ela só queria casar...
Medo de amar
Nada é como parece
Nunca estamos sós
O amor é para os fortes
O preço da paz

O próximo passo
O que importa é o amor
Para sempre comigo
Só Deus sabe
Treze almas
Tudo tem um porquê
Um sopro de ternura
Você faz o amanhã

Maura de Albanesi
pelo espírito Joseph

O guardião do Sétimo Portal

Meire Campezzi Marques
pelo espírito Thomas

A felicidade é uma escolha

Mônica de Castro
pelo espírito Leonel

- A força do destino
- A atriz
- Apesar de tudo...
- Até que a vida os separe
- Com o amor não se brinca
- De frente com a verdade
- De todo o meu ser
- Desejo – Até onde ele pode te levar? (pelos espíritos Daniela e Leonel)
- Gêmeas
- Giselle – A amante do inquisidor
- Greta
- Impulsos do coração
- Jurema das matas
- Lembranças que o vento traz
- O preço de ser diferente
- Segredos da alma
- Sentindo na própria pele
- Só por amor
- Uma história de ontem
- Virando o jogo

Rose Elizabeth Mello

- Desafiando o destino
- Verdadeiros Laços
- Os amores de uma vida

Sérgio Chimatti
pelo espírito Anele

- Apesar de parecer... Ele não está só
- Lado a lado
- Ecos do passado
- Os protegidos

Conheça mais sobre espiritualidade com outros sucessos.

 vidaeconsciencia.com.br   /vidaeconsciencia   @vidaeconsciencia

ZIBIA GASPARETTO

Eu comigo!

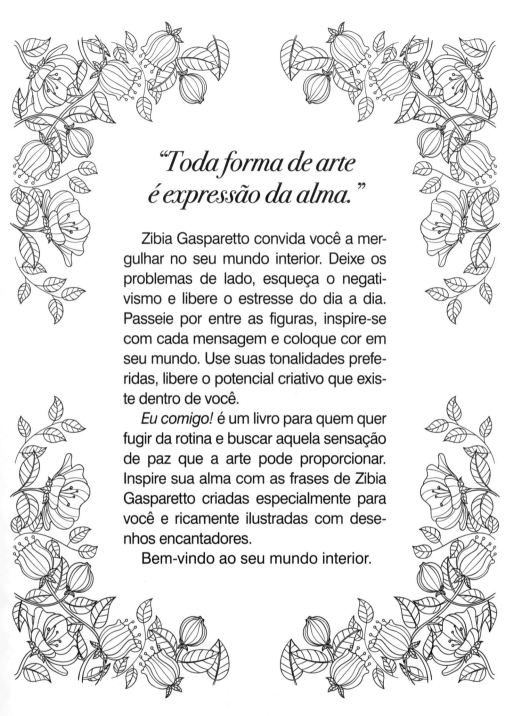

"Toda forma de arte é expressão da alma."

Zibia Gasparetto convida você a mergulhar no seu mundo interior. Deixe os problemas de lado, esqueça o negativismo e libere o estresse do dia a dia. Passeie por entre as figuras, inspire-se com cada mensagem e coloque cor em seu mundo. Use suas tonalidades preferidas, libere o potencial criativo que existe dentro de você.

Eu comigo! é um livro para quem quer fugir da rotina e buscar aquela sensação de paz que a arte pode proporcionar. Inspire sua alma com as frases de Zibia Gasparetto criadas especialmente para você e ricamente ilustradas com desenhos encantadores.

Bem-vindo ao seu mundo interior.

www.vidaeconsciencia.com.br

Rua Agostinho Gomes, 2.312 – SP
55 11 3577-3200

contato@vidaeconsciencia.com.br
www.vidaeconsciencia.com.br